Märchen von Mördern und Meisterdieben

Herausgegeben von
Volker Ladenthin

Fischer
Taschenbuch
Verlag

Märchen der Welt
Lektorat: Monika A. Weißenberger

Originalausgabe
Veröffentlicht im Fischer Taschenbuch Verlag GmbH,
Frankfurt am Main, Mai 1990

Umschlaggestaltung: Thomas & Thomas Design, Heidesheim
Satz: Fotosatz Otto Gutfreund, Darmstadt
Druck und Bindung: Clausen & Bosse, Leck
Printed in Germany
ISBN 3-596-22887-5

Inhalt

Von Bösewichten, von Meisterdieben und Schelmen

... die Sonne bringt es an den Tag ...
Verbrechen, die aufgeklärt werden

Von Bösewichten, von Meisterdieben und Schelmen

Die Märchen in diesem Kapitel erzählen von Gaunern, Meisterdieben und ihren Spießgesellen, allesamt Mitglieder einer ehrenwerten Gesellschaft. Zwar sind es Schurken, Beutelschneider, Gesindel mithin, die hier ihr Unwesen treiben, aber bewundert werden sie doch. Mit List und Mut führen sie ihre Geniestreiche durch. Kein Ding scheint ihnen unmöglich, denn sie haben allesamt eine grundsolide Ausbildung, an deren Ende das Meisterstück steht.

Die drei Handwerksburschen

Es saßen einmal drei Handwerksburschen ganz still und traurig in einem Wirtshause beisammen; denn sie konnten keine Arbeit bekommen und hatten nur noch fünf Kreuzer miteinander zu verzehren. Und wie sie nun so dasaßen, trat ein fremder Herr zu ihnen hin und fragte, warum sie denn so betrübt wären? Da klagten sie dem Manne ihre Not, daß ihr Geld zu Ende sei und sie gar nichts verdienen könnten. Sprach der fremde Herr zu ihnen: »Ei, deshalb dürft ihr nicht so traurig sein, da ist wohl noch Rat zu schaffen! Wenn ihr mir einen Gefallen tun wollt, so soll euch das Geld nie ausgehen.« Da fragten sie, was denn das wäre? Darauf sagte der Fremde: »Ihr dürft nichts weiter reden, man mag euch fragen, was man will, als diese Worte: der erste von euch muß immer antworten: ›Wir alle drei!‹, der zweite: ›Um's Geld!‹, der dritte: ›Und so ist's recht!‹ Wenn ihr das tut, so werdet ihr keine Not mehr leiden.«

Da sahen die Handwerksburschen sich verwundert an und wollten's nicht wagen, weil sie sich fürchteten; allein da der fremde Herr versicherte, daß ihnen kein Leid dadurch geschehen werde, so versprachen sie es ihm und erlaubten ihm sogar, daß er ihnen eine Ader aufschlug, worauf dann ein jeder mit seinem eigenen Blute dies Versprechen unterschrieb. Darauf verschwand der Mann.

Die drei Handwerksburschen hatten aber, seitdem sie mit ihrem Blute unterschrieben, die Sprache verloren und konnten gar nichts mehr hervorbringen, als die Worte: »Wir alle drei«, was der eine sprach, worauf dann jedesmal der andere versetzte: »Um's Geld!« und der dritte hinzufügte: »Und so ist's recht!« Alsbald fühlten sie aber, daß ihre Taschen voll Geld waren; deshalb besuchten sie nur gute Gasthäuser und ließen sich das Essen und Trinken schmecken und bezahlten alles wie vornehme Herren, indem sie von dem hingegebenen Geld, wenn's zuviel war, nichts wieder zurücknehmen wollten.

So kamen sie auch einmal in ein vornehmes Wirtshaus und setzten sich an den Tisch. Da fragte der Wirt, ob sie etwas zu trinken haben wollten? »Wir alle drei!« sagte der eine. »Das kann ich mir denken!« antwortete der Wirt. »Um's Geld!« versetzte der zweite. »Ja freilich«, sagte der Wirt, »umsonst ist der Tod.«

»Und so ist's recht!« fügte endlich der dritte Handwerksbursche hinzu. »Das versteht sich!« sprach der Wirt und lachte und ging hin und holte für jeden einen Schoppen Wein. Und als sie den Wein getrunken hatten, fragte der Wirt wieder, ob sie auch etwas essen möchten? »Wir alle drei!« sprach der erste, und dann der zweite: »Um's Geld!« Der dritte: »Und so ist's recht!« Da sah der Wirt groß auf, und auch die Gäste, die da waren und das mit anhörten, verwunderten sich über die sonderbaren Leute; denn sie brachten weiter nichts vor, als eben diese drei Redensarten.

In demselben Wirtshaus übernachtete aber auch ein reicher Kaufmann, der führte viel Geld bei sich und schlief dicht neben ihnen. Da hörten sie um Mitternacht ein Geräusch in dem Nebenzimmer und ein Geschrei, was aber alsbald still ward. Dann vernahmen sie ganz deutlich die Stimme des Wirtes, der befahl, daß man die Geldsäcke forttragen sollte, und sie konnten sich nun wohl denken, was da geschehen sein mochte, blieben aber mäuschenstill liegen, weil sie Angst hatten. Wie es nun Tag wurde und alles aufstand, ging der Wirt in das Zimmer, wo der Kaufmann geschlafen hatte und erhob ein Geschrei: »Mörder!

Mörder!« und lief zum Gericht und zeigte es an, daß ein Kaufmann über Nacht in seinem Hause ermordet worden sei, und daß er schweren Verdacht gegen drei Handwerksburschen hege, die dicht neben dem Kaufmann geschlafen hätten.

Da kam das Gericht herzu und fand den Kaufmann in seinem Blute liegen, nahm dann auch sogleich die drei Handwerksburschen gefangen und fragte sie, ob sie den Mann ermordet hätten? Da sagte der erste: »Wir alle drei!« Der zweite: »Um's Geld!« Der dritte: »Und so ist's recht!« »Ei, ihr gottlosen Menschen!« rief der Richter und befahl, daß man sie fortführte. Und weil man in ihren Taschen so viel Geld fand, wie man es sonst bei Handwerksburschen nicht antrifft, und sie ganz unverhohlen die Mordtat bekannten, so wurden sie zum Tode verurteilt und zum Richtplatz hinausgeführt. Als sie nun aber geköpft werden sollten, da rief eine unsichtbare Stimme: »Halt!« Und mit einem Male fühlten die Handwerksburschen, daß sie wieder reden konnten und erzählten nun alles, wie es ihnen ergangen war und wie sie nichts weiter als die drei Antworten auf alle Fragen hätten geben können; zugleich aber zeigten sie den Richtern an, daß der Wirt selbst den Kaufmann umgebracht und seine Geldsäcke ihm weggenommen habe.

Da wurde der Wirt festgesetzt, und als man das Geld mit dem Namen des ermordeten Kaufmanns bei ihm fand und seine Schuld offenbar war, erhielt er seine Strafe; die drei Handwerksburschen aber zogen nach der Angst, die sie ausgestanden, fröhlich von dannen, und hatten nun Geld genug ihr Leben lang.

Maus, Affe, Bär und der Birmanssohn

Früh vorher lebte in einer Gegend ein Birmanssohn. Dieser verkaufte seinen Acker für drei Klafter Tuch, belastete damit seinen Esel und begab sich nach einem andern Lande. Auf dem Wege sah er einen Haufen Kinder, die eine Maus um den Hals mit einem Strick gebunden ins Wasser warfen, und wieder herauszogen und hatte Mitleid und sprach: »Handelt nicht so, Kinder! Laßt doch die Maus lieber laufen.« Die Kinder aber antworteten: »Wir lassen sie nicht laufen. Du hast dich darum nicht zu bekümmern.« Hierauf sprach der Birmanssohn: »Was soll ich euch geben für die Maus?« Nachdem er ein Klafter Tuch gegeben hatte, ließ er die Maus laufen.

Indem er weiter fortging, sah er wieder einen Haufen Kinder, welche einen Affen gefangen hielten. »Springe doch!« sprachen sie zu dem Affen und schlugen ihn. Weil der Affe aber sehr jung war, riefen sie unaufhörlich: »Springe ordentlich!« und schlugen ihn. Der Mann hatte Mitleid mit dem Affen und sprach zu den Kindern: »Laßt den Affen laufen.« Weil die Kinder ihn aber nicht laufen ließen, gab er noch ein Klafter Tuch hin und ließ das Tier in einen Hain laufen.

Als der Birmanssohn hierauf seinen Weg verfolgt hatte, fand er nicht weit von der Stadt einen Haufen Kinder, welche einen jungen Bären gefangen hielten und durch Reiten sehr peinigten. Aus Mitleid gab er sein übriges Tuch hin und ließ den Bären im Wald los.

Weil nun alles Tuch weggegeben war, dachte der Birmanssohn, seinen Esel treibend, bei sich: »Ich kam hierher, um

zu handeln. Da meine Waren weg sind, so geh' ich in den Palast des Khans und stehle.«
So denkend, band er den Esel im Dickicht des Waldes an, ging in die Vorratskammer des Khans, nahm einen Ballen Seide auf den Rücken und machte sich davon.
Die Khanin erblickte ihn aber am Eingang und rief laut: »Der Palast ist bestohlen!« Sogleich kamen Leute zusammen, der Dieb ward gefangen und vor den Khan geführt.
»Weil du so eine ungeziemende Tat begingst«, sprach der Khan, »so lege man dich in einen Kasten, verschließe den Kasten mit einem eisernen Nagel, und werfe ihn ins Wasser.«
Nach diesen Worten ward zwar der Kasten ins Wasser geworfen, blieb aber an einem Holzstück hängen. Da nun die Luft im Kasten sehr eng ward, so fehlte nicht viel, und der Birmanssohn wäre erstickt, als oben etwas am Nagel zu zerren anfing. Indem der Birmanssohn durch die entstandene Spalte blickte, ward er die Maus gewahr, die er gekauft und losgelassen hatte.
Die Maus sprach aber: »Warte, bis ich meine Gefährten herbeirufe.« Da der Birmanssohn wieder Luft schöpfte, so erstickte er nicht. Die Maus führte aber den Affen herbei und erzählte ihm den Vorfall. Der Affe erweiterte die Spalte, und der Bär öffnete den Kasten mit Gewalt, daß der Mann heraus kam und sich auf einen Grasplatz niederließ. Alle drei brachten ihm hierauf Obst und mancherlei andere Speisen und Getränke. Am andern Morgen erblickte der Mann außerhalb des Flusses einen hellen Schein, und sandte den Affen hin. Der Affe brachte ihm ein Vogelei, und dies war ein Wunderstein.
Da wünschte sich der Birmanssohn aus dem Wasser und erlangte seinen Wunsch. Mitten auf einem großen Platze stieg ein Palast hervor, mit Ställen für Pferde und Maultiere und anderen Gebäuden. Mancherlei Bäume wuchsen da. Brunnen füllten sich mit Arschaanwasser. In dem Pa-

last aber waren kostbare Sachen im Überfluß. Was der Birmanssohn gewünscht, ward alles bei wachenden Augen erlangt.
Einige Zeit darauf kamen angesehene Kaufleute nach dieser Gegend, sahen und staunten. »Was ist das?« riefen sie aus, »sonst war hier ein wüster Platz, und jetzt hat sich so wunderbar alles verändert.« Der Anführer der Kaufleute begab sich zu dem Birmanssohn und befragte ihn über dies Wunder. Als ihm dieser die Ursache erzählt und den Wunderstein gezeigt, da sprach Ssardawagi: »Nimm alles, was wir haben, aber gib uns diesen. Alle unsere Pferde und Lasttiere, mit allen Ladungen sind dein. Nur diesen Talisman überlaß uns.«
Auf diese Worte nahm Ssardawagi den Wunderstein. Der Birmanssohn aber fand sich beim Erwachen mitten im Fluß, auf dem vorigen Grasplatz. Alles war verschwunden.
Indem er dort trauernd saß, kamen die drei Gefährten und fragten: »Was ist dir geschehen?« Als er alles erzählt, sprachen jene: »Wahrlich, du bist ein unglücklicher Mensch. Wohin ging aber der Mann mit dem Stein? Wir drei wollen ihn suchen gehen.«
Als nun alle drei anlangten bei dem mächtigen Ssardawagi, sprachen Bär und Affe zur Maus: »Für uns beide ist wohl der Eingang versperrt, aber du, Maus, schau umher, wo der Wunderstein liegt.«
Die abgeschickte Maus kroch durch das Schlüsselloch in die Wohnung, sah in einem geschmückten Gemach den schlafenden Ssardawagi und an dem Ende des Pfeils den Wunderstein. Der Pfeil aber war in einen großen Reishaufen gesteckt, neben welchem zwei angebundene Katzen lagen. Der Katzen wegen wagte es die Maus nicht, sich dem Wunderstein zu nahen, kehrte daher zu ihren beiden Gefährten zurück und erzählte, was sie gesehen hatte. »Nun, so ist kein Mittel mehr!« sprach der Bär, »laßt uns

also zurückgehen.« Der Affe aber sprach: »Es ist wohl noch ein Mittel vorhanden. Maus, geh zurück zu Ssardawagi und benage sein Haar und in der folgenden Nacht sieh zu, wer neben dem Kissen angebunden sein wird.«
Die Maus ging und benagte das Haar. Als aber Ssardawagi am Morgen aufwachte und sein Haar benagt fand, da ward er unwillig und sprach: »Diese Nacht haben die Mäuse mein Haar benagt. Damit solches nicht wieder geschehe, binde ich die Katzen hier an.«
Der Bär und der Affe fanden sich gegen Abend vor der Tür ein und sprachen zur Maus: »Geh, und entwende den Wunderstein.« Die Maus ging und war froh, daß am Reishaufen keine Katzen kauerten, aber der Pfeil war so hoch, daß sie den Wunderstein gar nicht fassen konnte. Sie ging also leer wieder zurück. »Nun, so ist kein Mittel mehr«, sprach der Bär, »laßt uns also zurückgehen.« Der Affe aber sprach: »Es ist wohl noch ein Mittel vorhanden. Maus, geh und wühle im Reishaufen, bis der Pfeil umfällt, und dann nimm den Wunderstein und hole ihn im Mund hierher.«
So sprach der Affe und sandte die Maus fort. Die Maus nahm darauf den Talisman und brachte ihn bis zum Schlüsselloch, aber nicht weiter, denn der Wunderstein war zu groß. Sie ließ daher den Wunderstein liegen und ging zu ihren Gefährten zurück. »Nun, so ist kein Mittel«, sprach der Bär. »Der Affe und wir beide können nicht durch das Schlüsselloch kriechen. Darum laßt uns wieder zurückgehen.« Der Affe aber sprach: »Es ist wohl noch ein Mittel vorhanden. Maus, dir habe ich am Schwanz einen Faden befestigt, dann geh und fasse den Wunderstein mit allen vier Füßen, ich ziehe dich an dem Faden herauf.«
Durch den angebundenen Faden wurde der Wunderstein durch das Schlüsselloch gebracht, aber die Maus war sehr müde. Der Affe nahm den Wunderstein in den Mund und setzte sich auf den Bären, und die Maus legte sich in das Ohr des Bären. Der Bär wanderte seinen Weg fort, setzte

durch einen Fluß und sprach: »Wunderstein, Affe, Maus, ich trag euch alle drei – bin ich nicht stark?« Die Maus schlief, und der Affe wollte nicht reden, um nicht den Wunderstein zu verlieren. Da sprach der Bär zürnend: »Wollt ihr nicht antworten, so werf ich euch beide ins Wasser.« Nun sprach der Affe: »Wirf nicht!« So sprechend fiel der Wunderstein aus dem Mund ins Wasser.
Als sie über den Fluß waren, da sagte der Affe: »Du Bär bist doch wahrlich ein dummes Geschöpf.« Die Maus vernahm dies, und fragte: »Was gibt es?« Der Affe erzählte hierauf, was sich ereignet und sprach: »Aus dem Wasser den Stein zu schaffen ist schwerer als alles andere. Darum laßt uns nun zurückgehen.« Die Maus aber versetzte: »Ich will doch versuchen, den Stein aus dem Wasser zu schaffen. Ihr beiden setzt euch weiter hinauf.«
Da lief die Maus längs dem Fluß hin und her, und die Wasserbewohner sprachen: »Maus, was beunruhigt dich?« Die Maus erwiderte: »Habt ihr nicht vernommen, daß ein großes Heer anrückt, und daß ihr künftig nicht länger im Wasser wohnen sollt?« Auf diese Worte sprachen die Wasserbewohner: »Sprich doch, was jetzt zu tun sei.« Die Maus sprach: »Es bleibt kein anderes Mittel, als eine Mauer am Fluß aufzutürmen.« So sprach sie, und die Wasserbewohner brachten Steine aus dem Fluß. Die Maus nahm diese Steine und machte daraus eine Mauer. Als die Mauer schon spannehoch war, brachte ein Frosch den Wunderstein im Munde heraus, und sprach: »Das ist ein schwerer Stein.«
Die Maus zeigte den Stein den Gefährten, und sagte: »Da ist er!« Voll Freude sprach der Affe: »Diese Maus ist ein kluges Geschöpf.« Die Maus legte sich darauf wieder ins Ohr, der Affe setzte sich auf den Bären, und alle drei erreichten den Birmanssohn, der kaum noch am Leben war. Nachdem der Affe den Wunderstein ihm gegeben hatte, sprach der Birmanssohn. »Ihr Gefährten habt mir eine

große Wohltat erzeigt.« Nach diesen Worten wünschte er sich wieder aus dem Flusse, und es entstand sogleich eine khanische Wohnung. Mancherlei Obstbäume und Blumen wuchsen umher. Mancherlei Arten von Vögeln ließen ihre Stimme hören. Der prächtige Palast war mit Pferden und Maultieren angefüllt. Als alles dies wünschend erlangt war, sprach der Birmanssohn: »Wenn der Wunderstein wirklich große Kräfte besitzt, so entstehe mir eine Gemahlin aus dem Reich der Aessuri Tàngàri.«

So sprach er, und sogleich entstand eine Tàngàritochter, von einem zahlreichen Gefolge begleitet. In Wohlsein und Freude lebte der Birmanssohn und bekam hundert holde reizende Söhne.

Der König von Papierland und von Kummerland

Es war einmal ein lustiger Student, der wurde von der hohen Schule relegiert, weil er seinem Jugendübermut zu sehr den Zügel schießen ließ. Seine Bücher und alles, was seine ohnehin armen Eltern ihm mitgegeben hatten, als er auf die hohe Schule ging, war schon längst verkauft, und so zog er an einem rauhen Tage im dünnen Samtwams und mit einer kleinen Studentenkappe bedeckt in die weite Welt. Nachdem er eine Zeit lang gegangen war, kam er in den Wald, und da fror ihn gar sehr und die Nacht brach auch herein, und er wußte nicht, wo er sein Haupt hinlegen sollte. Da sah er auf einmal im Walde ein Häuschen stehen, und da stand eine alte Hexe in der Tür, die winkte den jungen Burschen zu sich, der ging auch richtig zu ihr ins Haus. Darauf wies sie ihm sein Nachtlager an, und er schlief die ganze Nacht hindurch und erhob sich neu gestärkt am anderen Morgen, um weiterzuziehen. Da wollte ihn die alte Hexe nicht unbeschenkt ziehen lassen und gab ihm einen Mantel, der ihn unsichtbar machte, so oft er ihn umhing, einen Ring, der ihn allwissend machte, wenn er ihn an den Finger steckte, und eine Wurzel, vor der alle Türen aufsprangen.

Die Wurzel steckte der Student in seine Rocktasche. Den Mantel hing ihm die Hexe gleich selbst um und dabei sprach sie: »Es schadet nichts, wenn er dich jetzt sogleich auf deiner Reise auch unsichtbar macht, er hält doch warm und schützt dich vor dem Frost, der dich in dem dünnen Wams gewaltig plagen würde.«

Von nun an sann der Student auf nichts als tolle Streiche.

Er begab sich sofort in die Königsstadt und da ging er geradewegs zur Schatzkammer. Diese sprang denn auch vor seiner Springwurzel sogleich auf und schloß sich wieder hinter ihm zu, und weil ihn wegen seines Mantels niemand sah, so bemerkte es nicht einmal die Wache vor der Schatzkammer, daß sich die Tür auftat. Und so holte der Student am hellen Mittage soviel Geld aus der Schatzkammer, wie er nur tragen konnte, und er ging von nun an Tag für Tag dorthin, um sich die Taschen zu füllen. So lebte er als ein gar großer Herr in der Residenz, und wenn er den Mantel nicht umhatte, so erschien er gar prächtig gekleidet. Oft aber ging er in seinem Mantel unsichtbar am hellen Tage über die Straße, und dann sah er den Frauen so kühn und keck ins Gesicht, daß ihn die Männer gewiß vor Eifersucht erschlagen haben würden, wenn sie es gewußt hätten. Aber daran war's ihm noch nicht genug. Er schlich sich auch einmal zu dem König in seinem Mantel, und dem stahl er Krone und Seitengewehr, ohne daß er es merkte, denn er sah ja niemanden.

Das war dem König natürlich nicht einerlei, er beriet sich insgeheim mit seinen Ministern, und nach ihrem Vorschlag rief er nach der Sitzung die Prinzessin zu sich und sprach zu ihr: »Mein Kind, wir wollen ein großes Fest veranstalten und dazu alle Welt einladen. Wer dann am Abend, wenn alle in unserem Garten lustwandeln, an dich herantritt und dir einen Kuß gibt, dem mache so leise wie möglich mit Kohle einen Strich ins Gesicht, denn der ist der Kühnste von allen, die zu dem Feste kommen, und der hat ganz gewiß auch meine Krone und mein Seitengewehr geraubt – ein anderer hätte sich's nicht unterstanden. So komme ich wieder zu Krone und Seitengewehr, welche ich auf jeden Fall wieder haben muß, und du kommst zu einem Kuß, den ich dir sonst nicht eher gestatte, als bis zu deiner Verlobung mit einem mächtigen Prinzen.« Und so wurde alle Welt zu dem Fest eingeladen.

Während der König aber so mit seiner Tochter gesprochen, hatte der Student gerade den Ring am Finger, den ihm die Hexe gegeben hatte, und da wußte er jedes Wort, das der König zu der Prinzessin sprach. Am Abend, als es dunkelte, gingen alle in den Garten des Königs, um zu lustwandeln. Und da ging immer ein Hofherr mit einer Hofdame, und selbst der alte König führte seine Frau am Arm.

Wiewohl nun der Student gar begierig war, der Königstochter einen Kuß zu geben, so hatte er doch, wie die Gesellschaft in den Garten ging, erst seinen Mantel umgehängt und ging unsichtbar von einem Herrn zum andern und malte jedem Herrn einen Strich ins Gesicht, dem alten König aber zweie. Dann warf er den Mantel ab und suchte die Königstochter auf.

Sie war die einzige in der Gesellschaft, die allein ging. Einsam lustwandelte sie in den dunklen Gängen und wartete, ob nicht jemand käme, der den Mut hätte, sie zu küssen, wie ihr der alte König befohlen hatte. So trat der Student zu ihr und gab ihr einen herzhaften Schmatz. Sogleich malt ihm die Königstochter mit Kohle einen Strich ins Gesicht. Wie aber alle aus dem Garten wieder in den hellerleuchteten Königssaal ziehen, da ist der Student nicht der einzige, der einen Strich im Gesicht hat, sondern alle Hofräte und alle Offiziere, von dem ältesten General bis zu dem jüngsten Fähnrich trugen ihren schwarzen Strich. Den dicksten Strich hatten die Minister des Königs gerade unter der Nase, und die sahen einander gar sonderbar an, als sie das merkten, denn jeder von ihnen dachte, daß der andere die Königstochter geküßt hätte.

Als die Königstochter im Saal die vielen Striche in den Gesichtern sah und bemerkte, daß jeder Hofrat und jeder Leutnant sogar seinen Strich hatte, da verhüllte sie ihr Antlitz aus Scham vor ihrem Vater. Endlich sah sie diesem ins Gesicht, und da sah sie, daß der König zwei Striche hatte, und das bemerkte in dem Augenblick auch der König, der in einen der vielen großen Wandspiegel blickte, und darüber mußte er mit seiner Tochter herzlich lachen. Denn die Prinzessin war der Augapfel des Königs und er allein küßte sie jeden Tag.

Nun hätte die Königstochter aber gar zu gern gewußt, wer sie an diesem Abend in dem Laubengang geküßt hatte. Denn der Kuß des Studenten hatte ihr gar wohl behagt und viel besser geschmeckt als die Küsse ihres Vaters, den sie herzlich liebte. Daß einer der Männer, die beim Feste zugegen waren, sie wirklich geküßt hatte, verhehlte sie ihrem Vater nicht, und der König war sogleich überzeugt, daß es der nämliche Wildfang gewesen sei, der ihm aus Übermut Krone und Seitengewehr geraubt hatte. Weil nun aber der König die Krone, die schon seine Väter auf dem Haupte getragen hatten, um jeden Preis wiederhaben wollte, und weil auch das Seitengewehr, das er so lange geführt, ihm gar lieb geworden war, so besprach er sich mit seiner Tochter und seinen Ministern, und machte bekannt, daß derjenige, der ihm seine Krone und sein Seitengewehr zurückbrächte, die Prinzessin zur Frau haben solle. Da verschwand der Student auf kurze Zeit vom Fest, und bald darauf brachte er des Königs Krone und sein Seitengewehr. Der König sprach darauf zu ihm: Wer so kühn sei, der müsse doch auch wohl von königlichem Geblüte sein, und sah den Student fragend an. Da antwortete dieser: »Mein Vaterland ist Kummerland, und mein Königreich ist Papierland.« Der König aber, weil er einmal sein Wort gegeben hatte, forschte nicht weiter nach, wo dieses Land lag. Da wurde noch an demselben Abend die Verlobung des Studenten mit der Prinzessin gefeiert, und wenn die Prinzessin dem Studenten bei jedem Kuß, den er ihr an diesem Abende gab, noch einen Strich ins Gesicht gemalt hätte, so wäre er zuletzt gewiß so schwarz im Gesicht gewesen wie ein Schornsteinfeger.

Wie ein Schneider von einer Elle Tuch fünf Viertel gestohlen hat

Diese Geschichte scheint zwar lügenhaft und ganz unglaublich, ist aber doch wahr. – Da ist einmal frühmorgens ein Schneider zum Ausnähen in ein Haus gekommen, und als er ins Zimmer getreten und noch niemand da gewesen ist, hat er die Elle Tuch, welche die Hausfrau ihm zurecht gelegt hatte, genommen und in seinen Sack gesteckt und nach Haus gebracht; dann ist er wieder gekommen und hat die Frau gefragt: »Was soll ich nähen?« Die Frau hat ihm geantwortet: »Ich hab's schon hergerichtet!« und sucht und sucht und sieht am Ende, daß kein Tuch mehr da ist. »Ach Du lieber Gott!« hat sie da ausgerufen, »das Tuch ist fort! Ach saget doch, saget doch nur meinem Mann, meinem Hansen, nichts davon, sonst schlägt er mich zu Tod!«

»Seid nur ruhig, Frau!« hat der Schneider da gesagt. »Ich hab grad eine Elle Tuch zu Haus, die will ich holen.« Da hat er die Elle wiedergebracht und der Frau heimlich verkauft und hat dann ihrem Mann eine Weste daraus geschnitten, hat aber nur drei Viertel Ellen dazu gebraucht und das vierte Viertel wieder in seinen Sack geschoben, also, daß er in Wahrheit von einer einzigen Elle Tuch fünf Viertel Elle gestohlen hatte; und der Hans merkte nichts davon.

Der gelehrige Dieb

In einer Stadt wohnte ein altes Ehepaar, das hatte einen Sohn, der wollte ein Dieb werden. Der Vater war zwar dagegen, konnte aber nichts tun und mußte ihn ziehen lassen. So ging der Sohn in die weite Welt. Nach einiger Zeit begegneten ihm drei Männer, die trugen Mäntel und Degen darunter. Die fragten ihn, wohin er wolle, und er antwortete, er sei in die Welt gegangen, um ein Dieb zu werden. Die Männer erwiderten, da habe er's gut getroffen, denn sie seien selbst Diebe und lauerten soeben einem Fleischermeister aus der Stadt auf, der mit drei Ochsen des Wegs kommen würde. Er möge sogleich einmal den Versuch machen, ob er dem mit List die Ochsen abnehmen könne, ohne ihm ein Haar zu krümmen. Sie würden in der Nähe bleiben, um ihm behilflich zu sein; doch dürfe der Fleischermeister gar nicht merken, daß ihm die Ochsen gestohlen seien, denn der sei ein Ratsherr und führe das Wort auf dem Rathaus, und wenn der wüßte, daß ihm die Ochsen gestohlen wären, so würde er einen so gewaltigen Lärm schlagen, daß die ganze Stadt, und der hochwohlweise Magistrat voran, sich mit Heugabeln bewaffneten, um die Diebe aufzusuchen und zu töten.
Der junge Mensch macht schnell seinen Plan, läßt sich den Degen des einen Räubers geben, und diese entfernen sich eine Strecke weit. Den Degen versteckt er im Moor, die Scheide aber behält er und beginnt am Rande des Morasts hin und her zu suchen. Währenddem kommt auch der Fleischer mit den drei Ochsen daher, den ruft er an und fordert ihn auf, ihm den Degen suchen zu helfen, welchen

er aus seiner Scheide verloren habe. Der Fleischer benutzt die Gelegenheit, seine Ochsen ruhen zu lassen und hilft ihm suchen. Allein der junge Dieb richtet es so ein, daß sie sich allmählich immer mehr von dem Moor entfernen und zuletzt suchend über eine Anhöhe steigen.

Wie sie nun jenseits des Hügels sind, bleibt er plötzlich stehen und sagt: »Potz Blitz, da hab' ich meine Geldkatze neben dem Moor liegen lassen, als ich einen Augenblick ruhte, die muß ich geschwind holen, das wäre ein schöner Fund für einen Bettelmann, nichts als blanke Pistoletten sind darin, die ich zu meinem Vetter über Feld tragen sollte. Er baut sich ein neues Haus, und das kostet Geld, da hat mein Vater ihm ein Sümmchen vorschießen müssen.« Und damit ist er von dem Fleischermeister fort, der ganz ruhig hinter dem Berg stehen bleibt und auf ihn wartet.

Die Räuber hatten unterdessen aus ihrem Versteck hinter einem Busch die drei fetten Ochsen mit lüsternem Auge betrachtet und konnten sich kaum enthalten, hervorzuspringen und sie ohne weiteres fortzutreiben. Doch bezähmten sie ihre Raubgier, weil sie sich gar zu sehr fürchteten vor dem angesehenen Ratsherrn, dem Fleischermeister, wenn er den Diebstahl merkte, und auch weil sie abwarten wollten, was für eine List ihr neuer Kamerad als Probestück zutage bringen werde. Der aber lief zum Moor, zog rasch den Degen an der Stelle heraus, wo er ihn versteckt hatte, und hackte den drei fetten Ochsen die Schwänze ab. Die steckte er nun mitten ins Moor hinein, so daß die Schwanzenden wie Büschel daraus hervorschauten. Dann winkte er den Räubern, daß sie die Ochsen wegtreiben möchten. Die eilten sogleich herbei, und jeder ergriff einen Ochsen am Strick. Nun gingen von der Gegend, wo das Moor war, viele Wege ab, und jeder führte über einen kleinen Hügel. Da schlugen die Räuber den Weg ein, der am wenigsten betreten war, und der führte auch am schnellsten über einen Hügel, hinter dem der

Ratsherr, wenn er an das Moor zurückkäme, sie nicht mehr sehen konnte.
Die drei fetten Ochsen mit den abgeschnittenen Schwänzen wanderten also etwas langsam in ihrer Weise der Räuberhöhle zu. Währenddem trat der junge Dieb wieder zu dem Fleischermeister, der sich auf dem Rasen niedergelegt hatte. Der Fleischermeister fing noch einmal an, mit ihm nach dem Degen zu suchen, welchen er jetzt neben die Ochsen gelegt und den der Räuber, dem er gehörte, mit sich genommen hatte. Er wußte auch den Fleischermeister noch in ein Gespräch über fette Ochsen zu verflechten, das sich sehr lang hinzog und gab ihm mancherlei Ratschläge, wo das beste Rindfleisch in der Kuhhaut zu kaufen sei, bis es endlich nach langer Zeit dem Fleischermeister einfiel, doch auch einmal nach den drei Ochsen am Moor zu sehen, für die er schon sein schönes Geld bezahlt hat.
Der Dieb begleitete ihn zurück; allein die Ochsen waren verschwunden. Da zeigte der Dieb ihm die drei Schwänze, die aus dem Moor hervorstanden. Der Fleischermeister aber schrie Ach und Weh und rief: »Meine Ochsen sind in das Moor geraten und darin versunken. Gewiß leben sie noch, denn gerade so heben die Ochsen die Schwänze in die Höhe, wenn sie wild werden. Könnte man sie doch an den Schwänzen wieder herausziehen! Aber es wäre eine Versündigung, wenn wir auf das Moor gehen wollten und wir ganz gewiß auch versinken würden.«
Darauf kehrte der Fleischermeister in die Stadt zurück, und der junge Dieb schlug den Weg ein, der ihm von den Räubern bezeichnet worden war. Er fand sie mit ihren Ochsen noch hinter dem Hügel gelagert, über den sie getrieben waren. Denn bis sie über die Anhöhe hinüber waren, hatten die Räuber die langsamen Stiere zuletzt mit ihren Degen zur Eile antreiben müssen, so daß an einigen Stellen unter ihrer braunen Haut das Blut hervorquoll,

und deshalb mußten sie ihnen Ruhe gönnen, sobald sie die Anhöhe hinter sich hatten und von dem Fleischermeister nicht mehr gesehen werden konnten.
Nachdem der junge Dieb sich dort auch neben den Ochsen zu den Räubern gelagert und mit ihnen tüchtig der Flasche zugesprochen hatte, die mit gutem Wein gefüllt war, trieben sie die Tiere zum Weiterschreiten an, doch verließen sie alsbald die Straße und gingen auf unwegsamen Pfaden der Räuberhöhle zu. Langsam und mühsam schoben sich die fetten Tiere durchs Gebüsch, das die Räuberhöhle in weitem Umkreis umgab, und oft blieben sie im Gezweig hängen und die Räuber mußten es mit ihren Degen abhacken.
Endlich gelangten sie aber doch zu der Höhle, die gewaltig groß war. In der Vorhalle ließen sie die drei Ochsen stehen, und die Räubermagd warf ihnen Gras vor, das sie auf Geheiß des Räuberhauptmanns schon im voraus am Morgen für sie hatte schneiden müssen. Die Ochsen fingen sogleich an zu fressen und wühlten mit den Mäulern im fetten Gras. Da trat aus der hinteren Höhle der Räuberhauptmann heraus, der sah aus wie ein ansehnlicher und ganz behaglicher Mann, hatte eine kleine Käpfelmütze auf und rauchte aus einer langen Pfeife. Er war schon ein älterer Mann, betrachtete die Ochsen und freute sich gar sehr über sie. Sogleich aber stellten ihm die Räuber ihren jungen Kameraden vor. Anfangs riet ihm der Hauptmann von seinem Vorhaben, ein Dieb zu werden, ab und sagte, daß es doch ein Geschäft sei, wobei einem zahlreiche Geschöpfe, von den Landreitern bis herunter zu den Hofhunden bei Tag und Nacht nachstellten. Wenn man freilich erst selbst ein Räuberhauptmann sei, setzte er wohlgefällig hinzu, und daheim in der Höhle sitze und die Räuber kommandiere, die bei Tag und Nacht umherstreifen müßten, dann sei man wenigstens vor den Hunden sicher. Aber vor den Landreitern sei nicht einmal ein Räuberhaupt-

mann in seiner Höhle sicher. Er wisse nicht, ob auf die Dauer der Diebstahl ein sicheres Brot bleiben werde, denn wenn erst neben jedem Hasen ein Landreiter zur Deckung hergaloppierte, dann würde man wohl schon den Beutel auftun müssen, wenn man nur einmal was Gutes schnabulieren wolle, und das sei doch unerhört.
Der junge Mann ließ den Räuberhauptmann ruhig ausreden und erwiderte, daß er sich einmal vorgenommen habe, ein Räuber zu werden. Und als der Hauptmann von seinen Gesellen erfuhr, was er dem Fleischermeister schon für einen Streich gespielt habe, und daß der glaube, seine Ochsen seien ihm im Moor versunken, da streckte er ihm die Hand entgegen und rief: »Topp! sind auch die Schwänze der Ochsen weg, du bist willkommen in der Räuberhöhle.«
Als der junge Mann einige Zeit bei den Räubern gewesen war, kam er eines Abends nach Hause und da sagte ihm der Hauptmann: In Hamburg wohne ein reicher Kaufmann, und er habe Nachricht bekommen, daß der große Vorräte an kostbaren Schmucksachen, wie Perlen und Edelgesteine und die schwersten Seidenstoffe auf seinem Lager habe. Der müsse jetzt bestohlen werden, und er habe es ihm zugedacht, den Diebstahl auszuführen. Er übernahm den Auftrag und bekam die schönsten Kleidungsstücke, wie sie ein Dieb, der sich in Hamburg will sehen lassen, nun einmal haben muß. Am anderen Morgen aber wartete eine prachtvolle Kutsche, die mit vier stattlichen Hengsten bespannt war, die der Räuberhauptmann bestellt hatte, vor dem Gebüsch, das die Räuberhöhle umgab. Da trat der junge Räuber aus dem Gebüsch hervor wie ein großer Herr, stieg in die Kutsche, und fort ging's mit den vier Hengsten in sausendem Galopp. Wie sie eine Strecke weit gefahren waren, kam ein wunderlicher Mann daher quer über das Feld, der hatte einen Strohkranz um den Leib gebunden und trug eine Krone von Papier. Da

hieß der Räuber den Kutscher die Pferde anhalten, und fragte den Mann mit dem Strohkranz und der papiernen Krone, wer er sei. Der antwortete: »Ich bin der König von Maroccoco.« Auf alle andern Fragen aber erwiderte er nichts als: »Ja-a.« Als nun der Räuber hörte, daß der sich einbildete, er sei der König von Marocco, und nichts sagte als Ja, das er noch dazu so aussprach, wie ein Esel sein Ja ausspricht, da sagte er geschwind zu ihm: »Wollen Eure Majestät nicht hier neben mir in meinem Wagen Platz nehmen? Es tut einem doch leid, einen solchen Mann zu Fuß übers Stoppelfeld einhertraben zu sehen. Also belieben Eure königliche Majestät nur einzusteigen.« Am Abend dieses Tages kehrten sie in einem Wirtshaus nicht weit vor den Toren von Hamburg ein. Da ließ der Räuber dem Könige von Marocco gut zu essen und zu trinken bringen, so daß der in seinen dummen Gedanken meinte, es gebe doch auf der ganzen Welt kein schöner Leben, als König von Marocco zu sein. Am andern Morgen saßen sie beide wieder im Wagen, die vier Hengste schnauften noch vor Vergnügen an dem genossenen Hafer, und so rollte die Kutsche gar bald zu den Toren von Hamburg ein und hielt dann auf der lebhaftesten Straße in der Stadt vor dem Kaufmannshaus, das der Räuber bestehlen sollte und das das größte in ganz Hamburg war.

Als die Kutsche mit den vier Hengsten dort vorfuhr, sprangen alle Diener, die in dem Geschäft waren, heraus, denn sie dachten: wer mit vier Pferden vorfährt, der kauft gewiß mehr als eine Schürze von Nesseltuch. Sie halfen also dem Räuber und dem mit der Papierkrone und dem Strohkranz aus dem Wagen, und führten sie in den großen Laden. Da standen nun die Diener alle ehrerbietig umher, rieben sich ein wenig die Hände und lächelten dazu und warteten, daß die Fremden zuerst das Wort ergreifen möchten. Da sprach auf einmal der mit dem Strohkranz und der Papierkrone: »Ich bin der König von Maroccoco«, und alle Diener verneigten sich fast bis zur Erde. Der Räuber aber sprach: »Er kann nicht ordentlich deutsch, darum muß ich seine Geschäfte für ihn führen. Seine Tochter will den Kaiser von China heiraten (bei diesen Worten nickte der König von Marocco freundlich mit dem Kopfe), und weil er gehört hat, daß hier ein so großes Kaufmannshaus sei, wie nirgends mehr auf der ganzen Welt (hier verneigte sich der Handelsherr und alle Diener machten's ihm nach), so will er hier seine Einkäufe zur Hochzeit machen.« Und da nickte der König von Marocco zum zweiten Male mit dem Kopfe und sagte Ja-a dazu, denn es war ihm, als sei alles wahr, wie der Räuber es sagte, und im Stillen hatte er oft schon darüber nachgedacht, wenn er so von Gott und aller Welt verlassen über die Stoppelfelder dahinschritt, ob es nicht das Gescheiteste sei, seine Tochter, die Prinzessin von Marocco, an den Kaiser von China zu verheiraten. Seine Tochter aber war ein Bettelmädchen, das mit einem Orgeldreher im Lande herumzog.

Sogleich waren alle Diener beschäftigt, vor dem Räuber die kostbarsten Stoffe aufzurollen, und der Handelsherr selbst holte die prächtigsten Geschmeide von Gold und Diamanten herbei. Daraus suchte sich der Räuber das Beste aus, zeigte es dem König von Marocco vor, und dieser sagte immer Ja-a. Damit meinte er, das sollte gekauft werden, und freute sich schon, wie strahlend seine Tochter am Hochzeitmorgen neben dem Kaiser von China einherschreiten würde.

So packte der Räuber einen ganzen Koffer voll, und der Kaufherr freute sich nicht wenig, daß der König von Marocco mit seiner Ware so zufrieden schien. Als aber der Reisekoffer gefüllt war, fragte der Räuber den König von Marocco, ob er diese Waren nun in den Gasthof bringen solle, wo sie übernachtet hätten.

»Ja-a«, sagt der König von Marocco.

Ob er denn auch das Geld mitbringen solle, setzt er hinzu.
»Ja-a«, antwortet der wieder.
Wie der Reisekoffer auf den Wagen gehoben ward, griffen alle Diener des Handelshauses mit an, und der Handelsherr selbst schnallte die Riemen zu. Dabei flüsterte ihm der Räuber zu, er möge den König von Marocco in seine Stube führen und gut bewirten, bis er wieder käme, denn der bezahle gut. Damit stieg er ein, und die vier Hengste jagten im Galopp zum Tor hinaus, nach der Räuberhöhle zu.
Als die Kutsche wieder vor dem Buschwerk anlangte, das die Räuberhöhle umgab, standen dort zwei Räuber bereits auf Wache, nahmen den Koffer in Empfang und trugen ihn in die Höhle. Dort aber machte der Räuberhauptmann ihn gleichfalls zum Räuberhauptmann und übertrug ihm das ganze Kommando über die Bande. Und von jetzt an spazierte er selbst mit der langen Pfeife unter den aufgespeicherten Schätzen in der Räuberhöhle umher, lebte wie ein großer Herr und tat nichts weiter, als daß er den Räubern Befehle erteilte wie ein General.
Dem Kaufmann in Hamburg aber wurde die Zeit zu lang, bis der Geschäftsführer des Königs von Marocco zurück kam. Er ging auf der Straße auf und nieder, allein die Kutsche mit den vier Hengsten, worin der junge Räuber saß, kam nicht zurück. Da ging er in die Stube, wo der König von Marocco mit Austern und Champagnerwein bewirtet ward und drohte, daß er ihn vor den Richter führen würde, wenn sein Geschäftsführer nicht bald zurückkehre. Der aber schrie wie wütend, als er vom Richter hörte: »Ich bin der König von Maroccoco.«
Der mit dem Strohkranze und der Papierkrone weigerte sich am andern Morgen, gutwillig mit vor den Richter zu gehen. Deshalb mußte der Kaufherr auf die Polizei schikken, die ihn mit Gewalt hinbringen sollte. Als er aber merkte, daß die Polizei ihm Gewalt antun wollte, warf er

ihr grimmige Blicke zu und rief immerfort: »Ich bin der König von Maroccoco.« Sie traute sich darum anfangs gar nicht, ihn anzugreifen; endlich aber faßte sie sich ein Herz, und wie sie ihn über die Straße vor den Richter führte, rief er noch immerfort: »Ich bin der König von Maroccoco.« Da rissen einige andere reiche Handelsherren das Fenster auf und riefen dem Kaufmann, der den König von Marocco vor den Richter führen ließ, zu: »Ei, ei, einem solchen Manne solltet Ihr doch wohl ein paar Jahre Kredit geben, was soll denn aus unseren Handelsbeziehungen mit Marocco werden, wenn der König von Marocco hier so vor den Kopf gestoßen wird?«
So kam der Gefangene vor den Richter, da antwortete er auf alle Fragen nur Ja-a.
Und wenn sie ihn in Hamburg noch nicht frei gelassen haben, so sagt er vor Gericht noch immer Ja-a.

Der kluge Martin

Ein armer Vater hatte drei Söhne, davon war der eine ein Schuster und hieß nur der kluge Martin; der andere war ein Weber, der dritte ein Schneider. Nachdem sie alle miteinander ausgelernt hatten, schickte der Vater sie auf Reisen in die Fremde und gab einem jeden ein hübsches Besteck, damit sie nicht unterwegs, wenn man ihnen etwas zu essen gebe, mit fremden Löffeln und mit fremden Messern und Gabeln essen dürften, sondern ihre eigenen hätten. Weiter konnte er ihnen, außer seinem Segen, nichts mitgeben.

In einem Wirtshaus, wo die Brüder unterwegs einkehrten, beschlossen sie, daß von hier ein jeder einen verschiedenen Weg einschlagen sollte, daß sie aber nach fünf Jahren, an demselben Tage und in demselben Wirtshaus sich wieder zusammenfinden wollten. Nun, das war gut. Nachdem sie diese Verabredung getroffen hatten, trennten sie sich, und ein jeder zog seiner Straße nach.

Da kam denn der kluge Martin alsbald an eine Brücke und hörte daselbst ein Glöcklein läuten und dachte: wie mag eine Glocke so für sich läuten? Denn er sah keinen Menschen dort. Als er aber genauer sich überall umsah und eben die Brücke von unten näher betrachten wollte, trat ihm ein Mann entgegen und sagte: »Was suchst du hier, und wo willst du hin?« Sprach der kluge Martin: »Ich bin ein Schuhmacher und suche Arbeit und habe mich hier über das Läuten der Glocke verwundert; aber nun sag mir auch, wer du bist und was du hier machst?« Da sprach der andere: »Ich bin ein Räuber.« – »O«, sagte der kluge Martin, »dies Handwerk habe ich zwar nicht gelernt, aber ich denke mir, ich verständ' es doch; weißt du was, behalt' mich hier! Ich will auch ein Räuber werden!« Der andere meinte, er wollte ihn wohl einstweilen da behalten; allein unter die Räuber dürfe er niemand für sich aufnehmen, das könne nur sein Meister tun und der sei nicht zu Haus. Da wartete der kluge Martin drei Tage lang, da kam der Räuberhauptmann zurück, und nachdem ihm Martin seinen Wunsch eröffnet hatte, sagte er: Ja, er wolle ihn wohl aufnehmen, aber er müsse vorher erst eine Probe ablegen und seine Geschicklichkeit zeigen. Da sagte der kluge Martin: Ja, das wolle er sogleich tun, und ging fort und hatte nichts bei sich als das Besteck, das ihm sein Vater geschenkt hatte.

Wie er nun in einen Wald kam, sah er einen Metzger dahin ziehen, der führte ein Kalb bei sich. Der kluge Martin schlich sich sogleich durch den Wald und gewann durch einen Seitenweg einen Vorsprung und kam dem Metzger zuvor. Er zog sein Besteck aus der Tasche, nahm Löffel, Messer und Gabel heraus und warf die Scheide mitten auf den Weg. Über eine Weile, nachdem er eine gute Strecke gegangen war, ließ er die Gabel fallen, und wieder nach einer Weile das Messer und den Löffel zusammen auf einen Platz, und dann versteckte er sich im Gebüsch.

Sobald der Metzger die Scheide fand, besah er sie zwar, dachte aber, was sollst du mit der leeren Scheide machen und ließ sie liegen, denn sie war ohnehin ganz schlecht. Ebenso gefiel ihm auch die Gabel nicht und er mochte sie nicht aufheben. Als er aber weiter zog und zuletzt das Messer und den Löffel da liegen sah, die beide sehr schön waren, nahm er sie auf und dachte: »Ei, jetzt solltest du doch auch das ganze Besteck beisammen haben! Hättest du nur gleich alles mitgenommen!« und band flink sein Kalb an einen Baum und lief zurück, um die andern Sachen zu holen.

Während er nun fort war, sprang der kluge Martin geschwind hervor, band das Kalb los und trieb es in den Wald hinein, indem er beständig blökte. Als der Metzger zurückkam und mit seinem Kalb weiterwollte, war es fort. Er dachte, es muß sich losgerissen und verlaufen haben und ging dem Blöken nach, das er immer noch im Walde hörte.

Der kluge Martin aber war an einen Teich gekommen und hatte dort schnell das Kalb geschlachtet und den abgeschnittenen Kopf mitten in den Teich geworfen und blökte nun in einem fort, ganz erbärmlich, also, daß der Metzger, wie er an den Teich kam, nicht anders glaubte, als sein Kalb sei in das Wasser gelaufen und könne nur noch den Kopf daraus hervorstrecken. Deshalb zog er flink sich aus und sprang in den Teich, um es herauszuziehen. Während er nun im Wasser war, kam der kluge Martin, nahm alles Zeug und Geld des Metzgers und auch das Besteck, das er ihm hingeworfen hatte und war wie der Wind damit fort und brachte es dem Räuberhauptmann und erzählte ihm, wie er es bekommen. Da war der Räuberhauptmann mit dem Probestück zufrieden und nahm den klugen Martin auf unter seine übrigen Gesellen.

Der kluge Martin aber wurde bald ein so geschickter und kühner Räuber, daß man ihn weit und breit fürchtete und die Obrigkeit ihm eifrig nachstellte; allein er war viel zu vorsichtig, als daß er sich hätte fangen lassen.

Als nun gerade die fünf Jahre herum waren, gedachte er, seine Brüder einmal zu besuchen, wie sie's miteinander verabredet hatten und bekam von seinem Hauptmann Wagen und Pferde dazu und fuhr in das Wirtshaus. Da saßen seine zwei Brüder schon da, erkannten ihn aber nicht wieder, bis er selbst sich ihnen entdeckte. Da waren sie vergnügt, und Martin gab ihnen so viel zu essen und zu trinken, als sie nur mochten.

Da trug sich's zu, daß der Räuberhauptmann mit der ganzen Räuberbande gefangen wurde; bloß den klugen Martin hatten sie nicht bekommen; die Obrigkeit ließ aber bekanntmachen, daß der, welcher den klugen Martin lebendig oder tot bringen könnte, eine Belohnung von tausend Gulden haben sollte. Das las der kluge Martin selbst eines Morgens in der Zeitung, als er noch bei seinen Brüdern in dem Wirtshaus war. Da verkaufte er sogleich seinen Wagen mit den schönen Pferden und kaufte sich einen ganz schlechten Krämerwagen, lud ein Faß voll Branntwein darauf, zog schlechte Kleider an und fuhr so zu dem Ort hinaus, ohne daß ihn jemand erkannte.

Es dauerte aber nicht lange, so kam er an eine Brücke, da standen fünfundzwanzig Husaren und sollten auf den klugen Martin passen. Sobald er aber die Soldaten erblickte, fing er an, sich betrunken zu stellen und taumelte von einer Seite zur andern und sang und schrie und schlug sein Pferd, und das setzte er fort, bis er in die Nähe der Husaren kam. Da trieb er das Pferd so heftig auf die eine Seite des Wegs, daß das Rad mit einem Male in den Graben lief und der Wagen umfiel. Da jammerte er nun laut und versuchte, den Wagen wieder aufzurichten; aber er konnte es nicht allein und bat deshalb die Husaren, daß sie ihm helfen möchten. Die halfen ihm denn auch und brachten alles wieder in Ordnung. Zum Dank dafür schenkte er einem jeden ein großes Glas Branntwein ein und dann noch eins, und endlich so viel sie nur wollten, bis alle ganz betrunken waren und sich nicht mehr regen konnten. Darauf holte Martin aus seiner Höhle, die in der Nähe war, fünfundzwanzig Kapuzinerkutten und zog die den Husaren an und fuhr sie dann in der Nacht bis dicht vor die Schloßwache des Kaisers. Als der am anderen Morgen die Kapuziner auf der Wache sah und die ganze Geschichte erfuhr, fragte er den Räuberhauptmann, wer ihm wohl den Streich gespielt habe? Sprach der: »Das hat gewiß niemand anderes als mein Martin getan, das ist ein Blitzkerl.«

Dann fragte der Kaiser den Hauptmann weiter, wie man den klugen Martin wohl fangen könne? Da sagte er: »Der Kaiser möge einmal einen öffentlichen Ball ausschreiben und den Fußboden des Tanzsaals mit Goldstücken belegen lassen; da werde der Martin gewiß nicht fehlen, und wenn er das Gold sehe, so könne er's nicht liegen lassen und werde sich bücken und es aufheben. Daran werde man ihn dann leicht erkennen und ihn festnehmen können.«
Der Rat gefiel dem Kaiser und er ließ sogleich den Ball ausschreiben und machte alles so, wie der Räuberhauptmann es ihm geraten hatte. Der kluge Martin aber hörte auch von dem Ball und gedachte hinzugehen und begab sich auch wirklich mit einem Bedienten in den Tanzsaal des Kaisers. Wie er da nun die Goldstücke am Boden liegen sah, meinte er: »Die lägen in meiner Tasche viel besser.« Und wie der nächste Tanz aus war, ging er hinaus zu seinem Bedienten, und der mußte ihm Pech holen, das machte er warm und klebte es unter seine Schuhsohlen und ging wieder in den Saal und tanzte, daß es eine Art hatte. So oft aber ein Tanz zu Ende war, ging er aus dem Saal und ließ von seinem Diener die Goldstücke abnehmen, die an dem Pech hängen geblieben waren, und so trug er manches Stück hinaus, ohne sich zu verraten und ohne gefangen zu werden.
Als dem Kaiser dies mißlungen war und er den Hauptmann um einen andern Vorschlag anging, wie er den klugen Martin fangen könnte, so sagte der Hauptmann: »Der Kaiser möge ein Turnier ausschreiben und einen recht hohen Preis für den Sieger bestimmen; da werde der kluge Martin ganz gewiß den Preis gewinnen und der Kaiser könne ihn dann nur gefangen nehmen lassen.«
Nun ließ der Kaiser ein Turnier ausschreiben und ließ bekanntmachen, daß er dem Sieger seine einzige Tochter zur Gemahlin geben wolle. Da kamen nun viele Fürsten und Grafen und Ritter zusammen und turnierten und gar man-

cher hätte die schöne Kaiserstochter gern gewonnen; aber was meinst du, wer wohl der Sieger wurde?
Der alte Räuberhauptmann hatte recht. Der kluge Martin besiegte alle Fürsten, Grafen und Ritter und wurde darauf mit der Kaiserstochter verlobt. Der Kaiser aber und seine Räte merkten bald, daß es der kluge Martin wirklich war, der den Preis gewonnen hatte. Da wurde er auf Befehl des Kaisers festgesetzt und sollte hingerichtet werden.
Allein der Tochter des Kaisers hatte er so gut gefallen, daß sie ihrem Vater erklärte: »Den will ich heiraten und keinen anderen!« Da mußte der Kaiser wohl nachgeben und der kluge Martin bekam seine Tochter und ist zuletzt auch noch Kaiser geworden.

Die zwei Beutelschneider

Es waren einmal zwei Beutelschneider, die beide in ihrer Kunst etwas rechtes verstanden. Der eine von ihnen wohnte in Preußen und der andere in Polen. Die zwei hörten oft voneinander und es bekam der jedwedere Begierde, den andern zu sehen. Sie dachten beide: »Wenn der andre seine Kunst so gut versteht, so tun wir uns zusammen, wir richten zu zweien mehr aus, als wenn jeder sein Handwerk allein treibt.«

Jeder ging nun aus, den andern zu suchen. Nach einiger Zeit begegneten sie sich, ohne einander zu kennen. Da rief zuerst der polnische: »Woher, gut Freund?« – »Aus Preußen; und woher denn du?« – »Ich, aus Polen. Was ist denn dein Handwerk?« – »Ich bin Beutelschneider; und was bist denn du?« – »Ich, auch Beutelschneider.« Da merkte der jedwedere, daß er zum rechten gekommen sei, und sie machten aus, mitsammen zu gehen und einander auszuhelfen, wo einer allein nicht ausreichen würde. Sie verabredeten vor allem eine Probe, woran jeder erkennen sollte, daß er am andern einen guten Gehilfen habe. Sie machten aus, zu einem Barbier zu gehen und während dieser den einen von ihnen rasiere, solle ihm der andere die Eisen vom Absatz des Stiefels reißen, ohne daß er es merke, und während er den andern rasiere, solle ihm der eine die Eisen wieder annageln, auch ohne daß er es merke. Sie versprachen einander, wenn jeder diese Probe vollbringe, so wollten sie beieinander bleiben und einander beistehen im Guten und Schlechten.

Sie gingen also zum Barbier, ließen sich den Bart abnehmen, und richtig, während er den einen rasierte, stahl ihm der andere die Eisen von den Stiefeln, und während er den andern rasierte, schlug sie ihm der eine wieder an. Er merkte aber von allem nichts und rasierte so sicher, als ob mit seinen Stiefeln gar nichts vorginge. Die Beutelschneider gingen nun hinaus, lobten einander und versprachen, als gute Freunde beisammen zu bleiben. Und zwar ging der preußische mit dem polnischen und blieb bei ihm. Dieser hatte aber eine Schwester, die gab er dem preußischen zur Ehe und sie führten jetzt eine Wirtschaft, so ehrlich, als man sie bei Beutelschneidern finden kann. Ihr Gewerbe betrieben sie nur, wenn sie nichts mehr zu essen hatten, außerdem ließen sie die Säcke der Leute in Ruhe und genossen, was sie sich früher zusammengetragen hatten.

Nun erfragten sie, daß ein Herr in einem Turm ganze Haufen Geld habe, daß aber nur eine einzige, eiserne Tür sei, durch welche man hineinkommen könne. Das machte aber den Beutelschneidern nichts, denn sie wußten schon andere Schliche, mit denen sie in den Turm hineinzukommen gedachten.

Sie gingen aus, nahmen Hacke und Schaufel mit sich und gruben einen unterirdischen Gang in den Turm. So kamen sie von unten leicht hinein und beschauten erst einmal alles. Da lagen die Kornsäcke in großer Menge, aber anstatt des Kornes war überall Geld drinnen und so fest gepackt, daß sich kein Stück bewegte, wenn man den Sack aufhob. Sie nahmen einen schweren Sack, krochen wieder in ihr Loch zurück, machten es eben ein wenig zu und kamen dann glücklich ins Freie. Den Sack trugen sie in der Nacht heimlich nach Hause und freuten sich, daß ihnen dieser Streich so glücklich vonstatten gegangen war.

Da kam eines Tages der Herr in seinen Turm, zählte die Säcke und fand, daß einer abhanden gekommen sei. Es wunderte ihn, wie das zugegangen sei und er konnte sich nicht erklären, wie jemand bei verschlossener Türe in den Turm hinein –, geschweige denn samt dem großen Sack hinausgekommen sei. Aber wenn er auch selbst nicht wußte, was er bei der Sache denken sollte, so wußte er dafür einen andern, der sich in solchen Dingen prächtig auskannte und um einen klugen Rat nicht verlegen war. Er hatte nämlich schon früher einmal einen Beutelschneider gefangen, diesem hatte er, anstatt ihn der Obrigkeit zu überliefern, die Augen ausgestochen und ihn bei sich behalten. Er meinte nämlich, ein Beutelschneider, wenn es ein rechter sei, müsse den Kopf am rechten Flecke haben und könne auch andern mit seiner Schläue zu gelegener Zeit aushelfen. Zu diesem ging er nun hin, erzählte ihm von der Bestehlung seiner Schatzkammer und fragte ihn, wie man etwa den Schelmen auf die Spur kommen könnte. »O die sind gewiß durch den Boden heraufgekommen«, sagte der blinde Beutelschneider. »Grabe nur ein bißchen hinab, und wenn du ein Loch findest, so brauchst du nichts anderes zu tun, als ein Schlageisen daraufzustellen, das seine sechs bis sieben Zentner wiegt. Dann werden die Spitzbuben eingehen.«

Der Herr dankte ihm für den klugen Rat, ging hin, ließ ein bißchen hinabgraben, und richtig kamen sie alsogleich zu einem Loch, durch welches die Schelme hereingekommen waren. Er war herzlich froh über diese Entdeckung, ging alsogleich zum Schmied und bestellte ein schweres Schlageisen. Als der Schmied fertig war, ließ er es in den Turm tragen und auf das Loch legen. »Jetzt«, dachte er, »brauche ich nicht weiter zu sorgen. Die Spitzbuben kommen gewiß noch einmal und dann gehen sie gewiß ein.« Er ging mit seinen Leuten aus dem Turm, schloß ihn fleißig zu und freute sich schon auf den baldigen Fang.

Als die zwei Beutelschneider eine Zeitlang von dem gestohlenen Gelde gezehrt hatten und voraussahen, daß der Sack mit der Zeit einschrumpfen würde, so sprachen sie zueinander: »Das Loch haben wir schon einmal gemacht, es ist schade, wenn wir es nicht fleißiger benützen. Wir müssen doch noch einmal hingehen und dem reichen Kerl wieder einen Sack wegtragen!« Sie machten sich alsbald auf, kamen zu dem Turm und krochen durch das Loch hinein. Der preußische war voraus, der polnische hinterdrein. Als sie eben meinten, in den Turm hinaufzugelangen, da tat es einen Schlag und der preußische schrie: »O weh, ich bin gefangen.« Der polnische erschrak darüber und fragte, was ihm denn wäre. Der preußische sagte: »Ja, wohl, wenn ich in ein Schlageisen geraten bin. Jetzt mache nur schnell und schneide mir den Kopf ab. Loskommen tu ich doch nimmer, und dann ist der Kopf ohnedem hin.« Der polnische sagte: »Nein Kamerad, dir den Kopf abzuschneiden, bringe ich nicht übers Herz. Und was würde erst dein Weib dazu sagen, wenn ich ihr die Nachricht brächte, daß ich selber dir den Garaus gemacht habe?« Der preußische hob aber wieder an zu bitten und sagte: »Mache nur nicht lange Umstände. Es soll nicht aufkommen, wer hier eingebrochen ist, du schneidest mir daher den Kopf ab und nimmst ihn mit dir. Tust du es nicht, so muß ich schändlich auf dem Galgen sterben, und du selber bist auch noch in Gefahr aufzukommen.« So redete und bat er noch eine Weile fort, bis der polnische endlich nachgab, hinaufkroch und ihm den Kopf abschnitt. Er nahm den Kopf mit sich, kroch zum Loch hinaus und trug ihn heim. Da hättest du hören sollen, wie das Weib des preußischen lärmte, als sie den Kopf ihres Mannes sah und hörte, wie es ihm gegangen sei.

Nicht lange Zeit, nachdem der preußische eingegangen war, kam der Herr in den Turm, um nachzusehen, ob das Falleisen noch keinen erwischt habe. Zu seiner großen Freude bemerkte er sogleich, daß es zugefallen sei und ging hin, um zu schauen, wer der Spitzbube sei. Wie er aber in die Nähe kam, sah er, daß bloß ein Rumpf da ist ohne Kopf und kam alsogleich auf den Gedanken: »Holla, da muß noch Einer im Spiele sein, sonst hätte der sich nicht selber den Kopf abgeschnitten und ihn fortgetragen.« Er ging sogleich wieder zu seinem blinden Beutelschneider, erzählte ihm die ganze Sache und verlangte seinen Rat: »Das ist gewiß, daß da noch einer übrig ist«, sagte der Beutelschneider, »aber warte nur, den wollen wir schon auch kriegen. Nimm den Rumpf aus dem Turm, laß ihn an den Galgen hängen und stelle eine zahlreiche Wache dazu. Es ist Beutelschneiders Pflicht, keinen Toten über Nacht hängen zu lassen. Kommt nun der andere, seinen Kameraden abzulösen, so wird ihn die Wache schon fassen und das ganze Spiel hat ein Ende.«

Der Herr dankte für diesen Rat, ging hin, ließ den Rumpf aus dem Turm tragen und an den Galgen hängen. Dazu stellte er zwölf Mann Soldaten und trug ihnen auf, denjenigen, der herbeikäme und den Leichnam ablösen wollte, zu fangen und vor ihn zu bringen. Die Soldaten versprachen, das zu tun und umstanden aufmerksam den Galgen.

Der polnische Beutelschneider ging zufällig in der Nähe des Galgens vorbei, sah den Rumpf droben hängen und unten die Soldaten Wache halten. Er dachte sich: »Den Toten sollte ich eigentlich über Nacht nicht droben lassen, um so mehr, weil er mein Kamerade ist. Aber so auf geradem Wege werde ich ihn nicht kriegen, denn die Soldaten stehen gewiß nicht umsonst dort.« Er dachte ein bißchen nach, wie er es anfangen sollte und es kam ihm bald ein pfiffiger Einfall.

Er ging in die Stadt, kaufte zwei Krüge vom besten Wein, dazu auch Schnaps und anderes gutes Getränk, schüttete alles untereinander und tat auch eine gute Portion Schlafpulver hinein. Dann nahm er ein Roß und einen Wagen, legte zuerst zwölf Kapuzinerkutten auf, bedeckte sie aber fleißig, daß sie niemand sah, und oben drauf kam dann der Panzen. Jetzt fuhr er die Stadt hinaus und kam in die Nähe des Galgens. Da fing er auf einmal an, zu lamentieren und zu schreien: »Das ist ein schönes Ding, kommt mir denn niemand zu Hilfe, der Wein rinnt aller aus, wie werde ich's kriegen, wenn ich heimkomme.« Solches Zeug schrie er so laut, daß die Soldaten beim Galgen es hörten. Diese schauten hinab und sagten zu einander: »Seht, da drunten kommt einer mit einem Weinpanzen. Er schreit und lamentiert gar so, es rinnt ihm gewiß der Wein aus. Sehn wir hinab und helfen ihm, vielleicht gibt er uns dafür ein Maulvoll zu trinken, dann halten wir das Wachen auch leichter aus.« Hierauf liefen alle zwölfe hinab, um dem Fuhrmann zu helfen. Als sie der Pole herabkommen sah, zog er schnell einen kleinen Bohrer heraus und bohrte mehrere Löchlein in den Panzen. Die Soldaten waren da, hielten zu, wo es herausrann, schnitzten Spinellen, vermachten die Löcher und meinten, es müsse bald aufhören zu rinnen. Während sie aber auf der einen Seite zumachten, bohrte der Beutelschneider auf der andern, so daß es nie aufhörte und alle Arbeiten umsonst waren. Endlich sagte der Fuhrmann: »Ich sehe schon, den Wein muß ich euch nur lassen. Nehmt den Panzen mit euch und trinkt ihn aus, ich will schnell zurückfahren, damit ich von diesem Wein noch bekomme. Denn brächte ich einen andern nach Hause, so würde ich gleich aus dem Dienste gejagt.« Die Soldaten dankten ihm für das Geschenk, faßten den Panzen, trugen ihn zum Galgen hinauf und gingen recht schleunig, damit nicht viel ausrinne. Dann setzten sie sich herum, waren guter Dinge und tranken, soviel die Gurgel nur schlucken wollte. Sie meinten, einen so guten und starken Wein hätten sie ihr Lebtag nicht getrunken und zogen darum nur desto besser.

Der Beutelschneider fuhr mit seinem Wagen ein bißchen zurück, machte dann halt und schaute zu, was der Wein für Wirkung tue. Er brauchte nicht lange zu warten, da sah er schon, wie die Soldaten anfingen, die Köpfe sinken zu lassen und dann einer nach dem andern sich auf das Gras legte. Als sie alle wie tot dalagen, fuhr er hin, nahm die Kapuzinerkutten und legte jedem von ihnen eine an. Dann nahm er den Leichnam vom Galgen, packte ihn auf den Wagen und fuhr damit heim.

Die Soldaten wachten erst auf, als es schon lichter Morgen war, sahen einander an und wußten nicht recht, was sie denken sollten. Anstatt der Soldaten waren lauter Kapuziner herum, neben ihnen wohl gar ein Galgen, aber kein Toter daran, kurzum, das Ding kam ihnen so sonderbar vor, daß sich ihre nebligen Köpfe nicht sogleich auskannten. Als sie aber den Panzen sahen und sich recht auf den gestrigen Abend besannen, so wurde es ihnen wohl klar, daß sie des Trunkes wegen das Wachen vergessen hatten, und daß es der Fuhrmann sein müsse, der den Leichnam vom Galgen gestohlen hatte. Es half aber nichts, sie mußten sich endlich doch entschließen heimzugehen, stellten sich vor den Herrn, erzählten ihm, wie es ihnen ergangen sei und baten ihm hundertmal ab. Der Herr wurde zornig, schimpfte sie aus, dachte aber dann doch wieder: »Ja, was will ich ihnen denn machen? Sie sind halt auch hintergangen worden, und man kann es den armen Teufeln nicht gar so verargen, wenn sie sich bei einem guten Tropfen Wein nicht lange besannen.« Er ließ sie laufen, und ging nun wieder zu seinem Ratgeber, dem blinden Beutelschneider. Diesem erzählte er die Sache und bat ihn noch einmal um seinen Rat. Der Beutelschneider machte ein bedenkliches Gesicht und meinte: »Das ist bald ärger, da kann es geraten, daß ich mit meiner Kunst nicht mehr auslange. Aber ein Mittel«, sagte er, »gibt es noch. Laß einem Hirschen die Hörner übergolden und jage ihn durch die Stadt. Wenn ein Beutelschneider einen Hirsch mit vergoldeten Hörnern sieht, den kann er nicht lassen, und verlöre lieber sein Leben, als diesen.« Der Herr dankte für diesen Rat, ließ einen Hirsch bringen und ihm die Hörner vergolden, und jagte

ihn hinaus auf die Gassen der Stadt. Die Stadttore aber wurden gesperrt, daß das Tier nicht fortlaufen könnte. Der polnische schaute eben zum Fenster hinaus und sah den Hirsch mit den goldenen Hörnern. Da kam ihm ein großes Gelüst, ihn zu haben, und er sann sogleich auf Mittel, wie er ihn unbemerkt erwischen könnte. Es fiel ihm ein, daß sein Keller unter den Weg hinausreiche, so daß man von unten herauf den Boden der Straße leicht dünner machen könne. Er ging in den Keller, grub so lange nach oben, bis nur mehr ein ganz dünner Boden übrig blieb, ging dann auf die Straße und streute Salz auf. Dann lief er wieder in den Keller hinab und schaute zum Kellerloch herauf, ob der Hirsch nicht bald käme. Er wartete nicht lange, da kam das Tier herangerannt, stand aber beim Salze still und fing an aufzulecken. Da nahm der Beutelschneider eine Hacke und stieß von unten herauf, so daß der Boden einbrach und der Hirsch drunten lag. Dann machte er den Boden sogleich wieder zu, und das alles geschah, ohne daß jemand etwas merkte.
Der Herr erfragte, daß der Hirsch auf den Gassen nicht mehr zu sehen sei, und ließ Kundschaft einziehen, wer ihn aufgefangen habe. Allein, niemand wußte etwas zu sagen und kein Mensch hatte jemanden beobachtet, der dem Hirschen nachstellte. Sie sagten alle: »Ja, da und da habe ich den Hirschen zum letzten Male gesehen, er lief allein durch die Gassen aus und ich bemerkte niemanden, der ihn verfolgte.« Da sah der Herr wohl, daß das Nachfragen nichts helfe und ging wieder zu seinem blinden Ratgeber. Diesem erzählte er die Sache und fragte, was etwa weiter zu tun sei. Der Beutelschneider schnitt ein noch bedenklicheres Gesicht als das vorige Mal, meinte aber, es gebe doch noch ein Mittel, dem Spitzbuben auf die Spur zu kommen. Er sagte: »Ich will morgen von Haus zu Haus gehn, Suppe betteln; bekomme ich dann irgendwo eine Hirschsuppe, so rieche ich das gleich, und der Schelm ist

ertappt.« Dem Herrn gefiel diese List und er bat den Beutelschneider, er solle morgen nur fleißig herumgehen und kein Haus auslassen.

Am andern Tage machte sich der Blinde auf den Weg, tappte Straßen auf, Straßen ab, ging überall hinein, wo er eine Haustüre griff und bettelte bei allen Leuten um Suppe. Er roch allemal fleißig, merkte aber niemals einen Hirschgeruch. Als es gegen Abend ging, kam er auch in das Haus des polnischen Beutelschneiders und bat um Suppe. Der polnische aß gerade einen Hirschbraten und der Duft stieg dem Blinden gleich in die Nase. Der polnische merkte sogleich, daß der Bettler ein Beutelschneider sei, dachte aber: »Du bist ja blind, wie willst du mich übertölpeln?« Er ließ ihm Suppe geben, lud ihn dann auch zum Braten ein und erzählte ihm während des Essens die ganze Geschichte von dem Hirschen, den er gefangen und heute gebraten habe. Der Blinde aß mit großem Appetit, und als er genug hatte, dankte er wie jeder ordentliche Bettler. Während er hinausging, dachte er: »Ich muß aber doch auch das Haus merken«, und als er zur Tür kam, malte er mit einem Rötel drei Striche über die Haustür. Der polnische schlich ihm nach, sah die drei Striche, und wischte sie ab. Dafür ging er, als es ganz finster war, zu dem Hause des Herrn und malte dort die drei roten Striche über die Türe.

Der Blinde kam nach Hause, und erzählte seinem Herrn mit Freuden, daß er jetzt den Spitzbuben wohl ausfindig gemacht habe. »Aber weißt du wohl auch das Haus noch, wo du das Hirschfleisch gegessen hast?« fragte der Herr. »O ja, das Haus habe ich schon gezeichnet, schicke nur morgen, wenn es Tag wird, herum, und wo über der Tür drei rote Striche stehen, da wohnt der Schelm.« Der Herr meinte, jetzt aller Sorge los zu sein, freute sich sehr und dankte dem Blinden für seine Dienste. Am andern Tag schickte er Leute aus, welche das Haus mit den roten Strichen aufsuchen sollten. Sie gingen in der ganzen Stadt herum, schauten fleißig über jede Haustüre und meinten, jetzt aber müßten sie die roten Striche sehen. Sie fanden sie aber nirgends und kehrten unwillig wieder heim. Als sie ins Haus hineingehen wollten, schauten sie über die Türe, und erstaunten nicht wenig, als sie da die drei Striche erblickten. Sie gingen zu dem Herrn und meldeten ihm, daß das gesuchte Zeichen sonst nirgends stünde als über seiner eigenen Haustüre. Er ging hinaus und sah wirklich die drei Striche. Da merkte er, daß er es hier mit einem Ärgeren zu tun habe, dem der Blinde nicht gewachsen sei. Er ließ daher bekanntmachen, derjenige, der den Sack aus dem Turm gestohlen, den Leichnam vom Galgen genommen, und den Hirsch in sein Haus gebracht habe, der solle sich melden, er werde für seine Geschicklichkeit eine große Belohnung empfangen.

Der polnische Beutelschneider hörte diesen Aufruf, stellte sich vor den Herrn, und sagte, daß er derjenige sei, der die drei Stücke vollbracht habe. Weil sich kein anderer meldete, so glaubte ihm der Herr und gab ihm eine große Belohnung und fragte ihn, ob er nicht als Ratgeber bei ihm bleiben möchte. Der polnische war sogleich bereit dazu, und seitdem ist er statt des Blinden der Ratgeber des reichen Herrn.

Der gestohlene Schatz

Ein alter Graf lag im Sterben. Da ließ er den Geistlichen aus dem nächsten Dorfe rufen, um zu beichten. Als dieser gekommen war, fragte ihn der Graf, der keine Erben hatte, was er mit seinem Gelde anfangen solle, ob er es der Kirche oder sonst wem schenken solle. Der Geistliche redete ihm zu, das Geld, mit dem er so lange gelebt habe, auch mit sich zu nehmen. Der Graf ging darauf ein und ließ das Geld in einen Sarg legen, in dem er selbst sterben wollte. Dann legte er sich darauf und starb. Als die Männer den Sarg hinaustrugen, wunderten sie sich darüber, daß der Graf so schwer war. Er wurde in dem Kellergewölbe der Kirche beigesetzt. In der folgenden Nacht nun wurde der Kirchendiener von einer Gestalt geweckt, die ihm befahl, die Schlüssel der Kirche zu nehmen und mitzukommen. Als beide nun vor der Kirchentür standen, da entriß die Gestalt dem Kirchendiener die Schlüssel und öffnete die Tür. Sie gingen bis zu dem Gewölbe. Als nun der Kirchendiener sah, wie die Gestalt in das Kellergewölbe hineinging und die Leiche des Grafen aus dem Sarge warf, da wich er scheu zurück. Doch die Gestalt befahl ihm, einen Sack zu bringen, und in diesen warf sie das Geld, das sie aus dem Sarge genommen, hinein, gab es dem Kirchendiener und sagte: »Wenn dich jemand fragt, woher du das Geld hast, so sagst du: von dem, der es mir gegeben hat.« Darauf verschwand die Gestalt. Der Kirchendiener versteckte nun den Sack in seinem Hause hinter dem Ofen und legte sich wieder schlafen. Bald wurde er wieder geweckt, und zwar durch den Geistlichen. Dieser forderte

die Kirchenschlüssel, da er, wie er sagte, zu einem Kranken gehen müsse. Als der Kirchendiener fragte, ob er mitgehen solle, antwortete der Geistliche, er könne zurückbleiben. Er legte sich wieder hin, und der Geistliche ging in den Keller, um sich das Geld zu holen. Er öffnete den Sarg, aber groß war sein Erstaunen, als er kein Geld mehr vorfand. Am nächsten Morgen meldete er deshalb der Polizei, daß der verstorbene Graf ihm während der Beichte gesagt habe, er wolle sein Geld mit in das Grab nehmen. Die Polizei untersuchte den Sarg, fand aber kein Geld. Deshalb untersuchte man die nächsten Häuser, und so fand man das Geld bei dem Kirchendiener. Obgleich dieser behauptete, daß er das Geld nicht gestohlen, sondern von einem Manne erhalten habe, wurde er doch in das Gefängnis abgeführt und nach längerer Zeit zum Tode verurteilt. Wie er nun gerade hinausgeführt werden sollte, da erschien vor dem Gerichte ein Wagen, aus welchem ein Herr ausstieg. Dieser ging zu dem Richter und sagte: »Der Kirchendiener ist unschuldig an dem Diebstahl, denn ich selbst habe ihm das Geld gegeben. Den Schuldigen aber werde ich bestrafen.«
Darauf faßte er den Geistlichen, der als Zeuge dabei war, und steckte ihn in den Wagen. Darauf verschwand der Wagen und ward nicht mehr gesehen.

Der Räuber und die Haustiere

Da war einmal ein Müllerknecht, der hatte seinem Herrn schon viele Jahre lang treu und fleißig gedient und war alt geworden in der Mühle, also, daß die schwere Arbeit, die er hier zu verrichten hatte, endlich über seine Kräfte ging. Da sprach er eines Morgens zu seinem Herrn: »Ich kann dir nicht länger dienen, ich bin zu schwach; entlaß' mich deshalb und gib mir meinen Lohn!« Der Müller sagte: »Jetzt ist nicht die Wanderzeit der Knechte; übrigens kannst du gehen, wenn du willst, aber Lohn bekommst du nicht.« Da wollte der alte Knecht lieber seinen Lohn fahren lassen, als sich noch länger in der Mühle so abzuquälen und verabschiedete sich von seinem Herrn.

Ehe er aber das Haus verließ, ging er noch zu den Tieren, die er bis dahin gefüttert und gepflegt hatte, um ihnen Lebewohl zu sagen. Als er nun zuerst von dem Pferd Abschied nahm, sprach es zu ihm: »Wo willst du denn hin?«

»Ich muß fort«, sagte er, »ich kann's hier nicht länger aushalten.« Und wie er dann weiterging, so folgte das Pferd ihm nach. Darauf begab er sich zu dem Ochsen, streichelte ihn noch einmal und sprach: »Jetzt behüt' dich Gott, Alter!« – »Wo willst du denn hin?« sprach der Ochs. »Ach, ich muß fort. Ich kann's hier nicht länger aushalten«, sagte der Müllerknecht und ging traurig fort, um auch noch von dem Hund Abschied zu nehmen. Der Ochs aber zog hinter ihm her, wie das Pferd, und ebenso machten es die übrigen Haustiere, denen er adieu sagte, nämlich der Hund, der Hahn, die Katze und die Gans.

Als er nun draußen im Freien war und sah, daß die treuen

Tiere ihm nachzogen, redete er ihnen freundlich zu, daß sie doch wieder umkehren und daheim bleiben möchten. »Ich habe jetzt selber nichts«, sprach er, »und kann für euch nicht mehr sorgen.« Allein die Tiere erklärten ihm, daß sie ihn nicht verlassen würden und zogen vergnügt hinter ihm drein.

Da kamen sie nach etlichen Tagen in einen großen, großen Wald. Das Pferd und der Ochs fanden hier gutes Gras; auch die Gans und der Hahn ließen sich's schmecken; die andern Tiere aber, die Katze und der Hund, die mußten Hunger leiden wie der alte Müllerknecht, und knurrten und murrten nicht darüber. Endlich, als sie ganz tief in den Wald hineingekommen waren, sahen sie auf einmal ein schönes großes Haus vor sich stehen; das war aber fest zugeschlossen; nur ein Stall stand offen und war leer, und von hier aus konnte man durch eine Scheuer in das Haus kommen. Weil nun niemand in dem Hause zu sehen war, so beschloß der Knecht, mit seinen Tieren daselbst zu bleiben und wies einem jeden seinen Platz an. Das Pferd stellte er vorn in den Stall, den Ochsen führte er an die andere Seite; der Hahn bekam seinen Platz auf dem Dach, der Hund auf dem Mist, die Katze auf dem Feuerherd, die Gans hinterm Ofen. Dann reichte er jedem sein Futter, das er in dem Haus reichlich vorfand, und er selbst aß und trank, was er mochte und legte sich dann schlafen in ein gutes Bett, das in der Kammer fertig dastand.

Als es nun schon Nacht war und er fest schlief, kam der Räuber, dem dies Waldhaus gehörte, zurück. Wie der aber in den Hof trat, sprang sogleich der Hund wie wütend auf ihn los und bellte ihn an; dann schrie der Hahn vom Dache herunter: »Kikeriki! Kikeriki!« daß es dem Räuber angst und bange wurde; denn er hatte in seinem Leben noch keine Haustiere gesehen, die mit dem Menschen zusammenleben, sondern kannte bloß die wilden Tiere des Waldes. Deshalb nahm er reißaus und sprang eilig in den Stall;

aber da schlug das Pferd hinten aus und traf ihn an die Seite, daß er taumelte und sich nur mit Mühe noch in die hintere Seite des Stalles flüchten konnte. Kaum aber war er hier angekommen, so drehte sich auch schon der Ochse um und wollte ihn auf seine Hörner nehmen. Da bekam er einen neuen Schrecken und lief, was er konnte, durch die Scheuer hindurch und dann in die Küche, um ein Licht anzuzünden und zu sehen, was da los sei. Wie er nun auf dem Herd herumtastete und die Katze anrührte, fuhr die auf ihn los und kratzte ihn dermaßen, daß er Hals über Kopf davonsprang und sich eben in der Stube hinter den Ofen verkriechen wollte. Da wachte aber die Gans auf und schrie und schlug mit den Flügeln, daß es dem Räuber höllenangst wurde und er sich in die Kammer flüchtete. Da schnarchte nun der alte Müllerknecht in dem Bette so kräftig, wie ein schnurrendes Spinnrad, daß der Räuber meinte, die ganze Kammer sei mit fremden Leuten angefüllt. Da überfiel ihn ein arges Grauen und Grausen, und er lief schnell zum Hause hinaus und rannte in den Wald hinein, und stand nicht eher still, als bis er seine Raubgesellen gefunden hatte.

Da fing er nun an zu erzählen: »Ich weiß nicht, was mit unserm Hause vorgegangen ist; es wohnt ein ganz fremdes Volk darin. Als ich in den Hof trat, sprang ein großer wilder Mann auf mich zu und schalt und brüllte so grimmig, daß ich dachte, er würde mich umbringen. Ein anderer reizte ihn noch auf und rief vom Dache herunter: ›Gib'm au für mi! gib'm au für mi!‹ Da mir's der erste schon arg genug machte, so wollte ich nicht warten, bis ihrer etwa mehre über mich herfielen und flüchtete mich in den Stall. Aber da hat ein Schuster mir einen Leisten an die Seite geworfen, daß ich's noch spüre; und als ich dann hinten in den Stall kam, stand da ein Gabelmacher und wollte mich mit seiner Gabel aufspießen; und als ich in die Küche kam, saß da ein Hechelmacher und schlug mir seine Hechel in die Hand; und als ich in die Stube sprang und mich hinterm Ofen verstecken wollte, da schlug mich ein Schaufelmacher mit seiner Schaufel; als ich aber endlich in die Kammer lief, da schnarchten darin noch so viele andere, daß ich nur froh sein mußte, als ich lebendig wieder draußen war.«

Als die Räuber dies hörten, entsetzten sich alle so sehr, daß keiner Lust hatte, in das Haus zu gehen. Nein, sie meinten, die ganze Umgegend sei durch dies fremde Volk unsicher geworden und zogen noch in selbiger Nacht fort, weit weg in ein anderes Land und sind nie wieder gekommen.

Da lebte nun der Müllerknecht mit seinen treuen Tieren in Ruh' und Frieden in dem Haus der Räuber, und brauchte sich nicht mehr zu plagen in seinen alten Tagen; denn der schöne Garten neben dem Hause trug ihm jährlich mehr Obst, Gemüse und allerlei Nahrung, als er und seine Tiere verzehren konnten.

Geschichte von dem Dieb und der Frau

Ein sehr feiner Dieb hatte die Gewohnheit, sich stets von andern Dieben entfernt zu halten, damit er nie mit ihnen verwechselt würde; auch stahl er nie in seiner Nachbarschaft. Dieses Handwerk trieb er so im Verborgenen, daß niemand den mindesten Verdacht auf ihn haben konnte. Da fügte es sich einstens, daß er bei Nacht zu einem bettelarmen Mann eindrang, den er aber für reich hielt. Da er indes nicht das Mindeste bei ihm fand, und er sich fest vorgenommen hatte, heute noch einen guten Fang zu tun, weckte er in seinem Grimm den Mann, welcher neben seiner Frau schlief, auf und verlangte von ihm, er möchte ihm seinen verborgenen Schatz zeigen.

Dieser Mann hatte nun keinen verborgenen Schatz vorzuzeigen. Allein der Dieb glaubte ihm nicht, sondern drang in ihn mit Drohungen und Prügeln, so daß der Mann in seiner Angst ausrief: »Ich schwöre dir, daß ich meine Frau verstoßen will, wenn ich die Unwahrheit sage.«

»Wehe dir«, rief die Frau, »du willst mich verstoßen, da doch der Schatz in der Kammer ist?«

Sie nötigte hierauf den Dieb, immer mehr auf den Mann loszuschlagen, damit er ihm den Schatz zeigte. Der Dieb ließ sich nicht sehr bitten, sondern schlug zu, bis ihm der Mann die Kammertür öffnete, in welche er sich mit ihm stürzte, um den Schatz herauszuholen. Als er nun in der Kammer war, warf die Frau schnell die Türe, welche zum Glück sehr fest war, hinter ihm zu und schloß sie ab; dann rief sie dem Dieb zu: »Wehe dir, du Tor, du Bösewicht!

Nun ist deine Stunde gekommen; denn nun werde ich die Polizei und die Häscher herbeirufen, damit sie dich ergreifen. Gewiß wird es dich dein Leben kosten!«
Da sprach der Dieb zu ihr: »Laß mich los, daß ich heim gehe.«
»Du bist ein Mann«, rief sie ihm zu, »und ich eine schwache Frau. Du hast in deiner Hand ein Messer, und ich fürchte mich vor dir.«
»Nimm mir das Messer ab«, rief er, indem er es unter der Tür durchsteckte.
Als sie nunmehr das Messer hatte und sie daher für das Leben ihres Mannes nicht mehr besorgt sein durfte, rief sie ihrem Manne, der mit in der Kammer war, zu: »Bist du denn ein Weib und er ein Mann? Haue doch derb auf ihn zu, wie er auf dich zugeschlagen hat, und wenn er es wagt, nur die Hand gegen dich auszustrecken, so schreie ich und rufe alle Häscher des Stadtviertels zusammen.«
Nunmehr fing der Mann an, auf den Dieb zu schimpfen und ihn mit einem Knotenstock derb durchzuhauen. Der Dieb dagegen schrie nach der Frau um Hilfe, und bat sie um Rettung. Doch sie rief ihm zu: »Warte nur, es wird noch ärger kommen.«
Der Mann, welcher indes nicht aufhörte zu schlagen, wurde nunmehr von seiner Frau befragt: »Wieviel sind wir wohl Mietzins dem Hausherrn für unsere Wohnung schuldig? Wir haben nichts, und der Zins wird schon hoch angelaufen sein.«
Bei diesen Worten hatte der Mann aufgehört den Dieb zu schlagen, welcher sich, um nur loszukommen, jetzt nach dem Belauf der Miete erkundigte. Der Mann meinte, sie könnte wohl achtzig Drachmen betragen. »Das will ich dir bezahlen«, rief der Dieb, »laß mich nur los.«
»Lieber Mann«, fuhr die Frau weiter fort, »wieviel sind wir nur dem Bäcker schuldig, und dem Grünzeughändler?«

»Auch das will ich bezahlen! Wieviel beträgt's?« rief der Dieb.
»Hundertundzwanzig Drachmen«, sprach der Mann.
»Das sind zweihundert Drachmen; laßt mich nur los.«
»Ach, lieber Mann«, fuhr sie fort, »und unsre liebe Tochter, die ist groß; wir müssen sie verheiraten und ausstatten.«
»Wieviel brauchst du dazu?«
»Zum wenigsten hundert Drachmen.«
»Das macht zusammen dreihundert Drachmen.«
»Ach, lieber Mann«, unterbrach ihn die Frau, »wenn die Tochter wird verheiratet sein, braucht sie doch Geld zu ihren Ausgaben für den Winter zu Kohlen, Holz und andern Bedürfnissen.«
»Nun, was verlangst du denn dafür?« rief der Dieb.
»Hundert Drachmen«, erwiderte sie.
»Nunmehr bin ich euch vierhundert Drachmen schuldig.«
»Ach, du lieber Dieb«, rief die Frau, »mein armer Mann braucht ein Kapital, um Waren zu kaufen, und einen Laden zu öffnen.«
»Und wieviel macht das?« fragte der Dieb.
»Hundert Drachmen«, war die Antwort.
»Ich will meine Frau dreimal verstoßen«, schwor hier der Dieb, »wenn ich so viel besitze. Das sind überhaupt meine Ersparnisse seit zwanzig Jahren. Laßt mich nur los; ich will euch alles geben!«
»Ach du Tor!« rief sie aus, »wie kann ich dich laufen lassen! Das sind bloß leere Redensarten! Gib mir ein sicheres Zeichen.« Sie rief hierauf ihre Tochter und befahl ihr sowie ihrem Mann, die Tür genau zu bewachen, bis sie zurückkommen würde, und sie selbst ging zur Frau des Diebes und benachrichtigte sie von der Lage ihres Mannes, daß man ihn ohne siebenhundert Drachmen nicht loslassen würde. Zugleich übergab sie ihr das Zeichen ihres Mannes, und nunmehr zahlte diese die verlangte Summe aus.

Sie nahm die siebenhundert Drachmen in Empfang und kehrte in ihr Haus zurück, wo sie bei anbrechendem Morgen anlangte und dem Dieb seine Freiheit schenkte. »Liebster Freund«, rief sie ihm im Weggehen zu, »wann sehen wir dich wiederkommen, um den Schatz zu holen?«
»Du Schuldenbock«, erwiderte er ihr, »wenn du wirst wieder siebenhundert Drachmen nötig haben, um deine Schulden zu bezahlen und die Angelegenheiten deiner Familie in Ordnung zu bringen.«
Hierauf machte er sich davon und konnte kaum an seine Rettung glauben.

Der Fischer und sein Sohn

Es war einmal ein armer Fischer, der lebte mit seiner Frau in einer Hütte. Sie hatten einen einzigen Sohn, der hieß Fischgesicht. Denn er hatte das Gesicht eines Fisches, obwohl er doch wie seine Eltern ein Mensch war. Wenn sich zufällig jemand zu der Hütte des Fischers verirrt hatte, was selten genug vorkam, versteckten die Eltern ihren Sohn in der Hütte und sperrten ihn ein, damit ihn niemand sah und erschrak.
Die Hütte des Fischers stand an einem See, in dem es viele Fische gab. Jede Nacht fuhr der Fischer hinaus auf den See, um Fische zu fangen. Und jede Nacht fing er drei Fische: Einen für sich, einen für seine Frau und einen für Fischgesicht, seinen Sohn. Nie fing er mehr als drei Fische aus diesem See, der doch voll schöner und großer Fische war.
Da lästerte er über sein Los, an einem fischreichen See zu wohnen und doch nie mehr als drei Fische zu fangen und hungern zu müssen.
Aber alles Lästern half nichts. So knüpften er und seine Frau und Fischgesicht ein großes Netz, um mehr Fische zu fangen. Als das Netz fertig war, fuhr der Fischer hinaus auf den See. Aber am Morgen kam er mit drei Fischen zurück, die sich in dem großen Netz verfangen hatten.
Und wieder lästerte er und klagte über sein Los. Aber alles Klagen half nichts. So fertigten er und seine Frau und Fischgesicht Fackeln aus Pech an, die die Fische zum Boot locken sollten. Als sie genügend Fackeln hatten, fuhr der Fischer hinaus auf den See. Vom Ufer aus sahen die Frau und Fischgesicht dem Fischer auf dem See zu. Die ganze

Nacht war er draußen. Am Morgen kam er müde heim. Wieder hatte er nur drei Fische gefangen.
Da wurde der Fischer ungeduldig und auch seine Frau, und sie klagten und lästerten beide über ihr Los. Aber die Ungeduld half nicht, auch nicht das Klagen und Lästern.
»Vielleicht brauchst du einen Gesellen«, sagte die Frau, »damit er dir beim Fischen hilft.«
»Woher soll ich einen Gesellen bekommen?« fragte der Fischer. »Du siehst doch selber, daß es weit und breit keine Menschen gibt, die freiwillig zu uns kommen und uns helfen würden.«
Da sagte die Frau: »Ich will dir Geselle sein und beim Fischen helfen, damit du mehr fängst aus diesem fischreichen See als nur drei Fische in einer Nacht.«
Der Fischer willigte ein und unterwies die Frau in der Kunst des Fischens. Als sie genug gelernt hatte, warteten sie, bis es Nacht wurde. Dann fuhren sie hinaus auf den See.
Aber als sie am nächsten Morgen zurückkamen, hatten sie wieder nur drei Fische gefangen.
Da sagte der Fischer: »Wieder haben wir nur drei Fische gefangen, obwohl dieser See reich ist an Fischen. Sieh, Frau, wie groß und dick die Fische sind, die im See schwimmen. Wir aber müssen hungern und fasten, weil ich nie mehr fange als drei Fische, so sehr ich mich auch bemühe.«
»Was sollen wir machen?« sagte die Fischersfrau, die gesehen hatte, daß es nicht ihres Mannes Faulheit oder Ungeschicklichkeit waren, daß er immer nur mit drei Fischen des Morgens heimkam.
»Wir werden Fischgesicht töten müssen, denn wir zwei hätten an drei Fischen genug. Für uns drei aber sind drei Fische zu wenig.«
Da weinte die Frau, doch da sie sah, daß es keinen anderen Weg gab, willigte sie schließlich ein.

Am nächsten Abend sagte der Fischer zu Fischgesicht: »Sohn, du siehst, daß ich immer nur drei Fische fange, obwohl der See voll dicker Fische ist.«
»Ich weiß es«, sagte Fischgesicht.
»Wir aber werden alle drei nicht satt am Tag, wenn ich nur drei Fische in der Nacht fange. Stimmt das, mein Sohn?«
»Es stimmt«, sagte Fischgesicht.
»Ich habe versucht, was in meinen Kräften stand. Ich habe das Netz vergrößert, ich habe mit Fackeln die Fische zu locken versucht und habe deine Mutter als Geselle mit auf den See genommen. Und doch habe ich nicht mehr als drei Fische gefangen. Stimmt das, Sohn?«
»Es ist so, wie du sagst«, sagte Fischgesicht.
Da sprach der Vater: »So will ich dich denn mit auf den See nehmen, auf daß du mir mehr Glück bringst und ich mehr als nur drei Fische fange.«
»Das will ich gerne tun«, sagte Fischgesicht.
Als es Nacht wurde, bestieg der Fischer seinen Nachen und rief den Sohn. Und sie fuhren hinaus auf den See.
Die ganze Nacht fischte der Fischer, aber wieder fing er nur drei Fische. Da nahm er sein Messer und erstach seinen Sohn und sagte: »Nun bist du ein toter Fisch!«
Dann schnitt er seinem toten Sohn die Zunge heraus und sagte: »Nun bist du stumm wie ein Fisch.«
Er band ihm einen Stein um den Hals, warf seinen Sohn ins Wasser und sagte: »Nun bist du bei deinesgleichen.«
Sofort sank der Sohn auf den Grund des Sees, so tief, daß der Fischer ihn nicht mehr sehen konnte. Dann lenkte der Fischer seinen Nachen zurück ans Ufer und sagte seiner Frau: »Nun brauchen wir nicht mehr zu hungern.«
Am Tage darauf aßen der Fischer und seine Frau die drei Fische, die der Fischer am Tage zuvor gefangen hatte. Aber es schmeckte ihnen nicht so recht. So waren sie satt, bevor sie die drei Fische aufgegessen hatten. Der Rest des Essens verdarb.

In der nächsten Nacht fuhr der Fischer wieder hinaus auf den See. Aber er fing nicht einen Fisch. Und als er beim Schein des Mondes in das klare Wasser sah, sah er, daß kein Fisch mehr im Wasser schwamm.
Am nächsten Tag erzählte er seiner Frau von seinem Ungeschick. Sie gingen zusammen zum See. Aber so sehr sie auch suchten, nirgends konnten sie im Wasser einen Fisch entdecken. Der See war völlig leer geworden.

Der Räuberhauptmann und die Müllerstöchter

Es war ein reicher Müller, der wohnte ganz allein in einem Tal und hatte drei schöne Töchter. Von denen hörte ein Räuberhauptmann und fuhr in einem prächtigen Wagen hin und bat, daß der Müller ihn doch beherbergen möge. Ja, das wollte er wohl tun. Wie sie nun abends bei Tisch saßen und allerlei miteinander redeten, so sagte der Fremde auch, daß er noch unverheiratet sei und fragte den Müller, ob er ihm nicht eine von seinen Töchtern zur Frau geben wolle. Der Müller, der den Räuber für einen vornehmen Herrn hielt und meinte, daß seine Tochter nicht besser versorgt werden könne, sagte ja, er solle sich nur eine auswählen. Da wählte er sich die älteste.

Nun hätte der Räuber gern sogleich Hochzeit gehalten; allein der Müller sagte, die Aussteuer müsse erst noch gemacht werden. Dafür dankte zwar der Fremde; denn sein Schloß sei mit allem wohl versehen. Aber die Tochter selbst wünschte vor ihrer Verheiratung die Wohnung ihres Bräutigams einmal zu sehen; deshalb wurde die Hochzeit noch aufgeschoben, und sie fuhr einstweilen zum Besuche mit. Da wurde ihr aber der Weg sehr lang. Es ging durch Berg und Tal, immer dichter und tiefer in den Wald hinein. »Kommt dein Schloß noch nicht bald?« fragte sie immer ängstlicher ihren Bräutigam. »Es wird bald kommen!« sagte er jedesmal, »nur noch ein wenig Geduld!« Endlich und endlich kamen sie wirklich an. Da war alles in dem Schloß auf's Schönste eingerichtet und der Bräutigam selbst führte seine Braut überall hin und zeigte ihr alles; nur ein einziges Zimmer schloß er nicht auf. Dann brachte er sie zurück zu ihrem Vater und hielt nicht lange nachher wirklich Hochzeit mit ihr.

Der jungen Frau aber wollte es auf dem Schloß gar nicht gefallen. Ihr Mann war oft wochenlang fort, ohne daß sie wußte wo er war, und wenn er dann heimkam, brachte er einen ganzen Haufen roher Menschen mit, die aßen und tranken und spielten, während die arme Frau sich oftmals zu der Mühle zurückwünschte. Ganz besonders unheimlich aber war es ihr, daß der Mann ihr so streng verboten hatte, ein einziges Zimmer nie aufzuschließen und nie hineinzusehen. Außerdem gab er ihr jedesmal, wenn er verreiste, ein Ei, welches sie sorgfältig aufheben und nie aus der Hand legen sollte. Das tat die Frau denn auch gewissenhaft. Sobald der Mann aber zurückkam, ließ er sich immer gleich das Ei zeigen.

Eines Tages jedoch, als er fort war, konnte die Frau es nicht lassen, die verbotene Türe zu öffnen, und da sah sie ein ganzes Zimmer voller Leichen und Totengerippe, und entsetzte sich so darüber, daß sie am ganzen Leibe zitterte und bebte und das Ei fallen ließ. Da war es zerbrochen.

Als nun der Mann heimkam und das Ei verlangte, konnte sie es nicht vorweisen. Da merkte er auch aus dem ganzen Aussehen seiner Frau, was sie getan hatte, und sagte: »Nun komm nur mit, jetzt darfst du in die Kammer, weil du hineingesehen hast!« und schleppte sie hin, schnitt ihr den Hals ab und warf sie zu den übrigen Leichen.

Nicht lange darauf nahm der Mann einen anderen Wagen und andere Pferde und kleidete sich ganz anders, und fuhr abermals zu dem Müller und sagte: »Er habe gehört, daß er zwei so schöne Töchter habe, er möge ihm doch eine davon zur Frau geben.« Der Müller entschloß sich schwer dazu, willigte aber doch ein, weil die Tochter Lust hatte, und ließ sie sogleich mitfahren und gab ihr eine reiche Aussteuer.

Dieser zweiten Frau erging es bald ebenso wie ihrer

Schwester. Sie bekam immer ein Ei, wenn ihr Mann ausging, das sollte sie sorgfältig in der Hand tragen, und außerdem hatte er ihr verboten, jemals die eine Tür aufzumachen. Als sie aber dennoch eines Tages die Totenkammer aufschloß und hineinging, ließ sie vor Schrecken das Ei in einen Eimer mit Blut fallen, und eh sie es abwaschen konnte, war ihr Mann zurückgekommen und sah das Blut an dem Ei und sagte: »Jetzt ist es aus mit dir!« und führte sie ebenfalls in die Kammer und schnitt ihr den Hals ab.

Der Räuberhauptmann aber wußte sich so geschickt zu verkleiden und zu verstellen, daß, als er jetzt zum dritten Male zu dem Müller kam und um die jüngste Tochter anhielt, der Müller ihn nicht wieder erkannte, sondern ihn für einen ganz anderen Menschen hielt. Mit vieler Mühe bekam er endlich auch die dritte Tochter und machte es mit dieser nun ebenso wie mit ihren beiden Schwestern. Er untersagte ihr streng, das eine Zimmer aufzuschließen und gab ihr, wenn er ausging, jedesmal ein Ei, das sie beständig tragen sollte. Diese Frau aber war vorsichtig und legte das Ei in ein Körbchen und ließ es darin liegen, wenn sie im Schloß umherging. So kam sie denn auch einmal an die verbotene Tür, die sie schon oft angesehen hatte, und dachte, ei, du sollst doch einmal zusehen, was wohl darin ist, und schloß die Tür auf. Aber wie erschrak sie da, als sie hier lauter Leichen fand und darunter auch die Köpfe ihrer beiden Schwestern, die sie noch erkennen konnte.

Schnell setzte sie sich nun hin und schrieb einen verstellten Brief, als ob ihr Vater schwer erkrankt sei und sie noch einmal vor seinem Tode zu sehen wünsche. Als darauf der Räuber nach Haus kam und die Frau ganz traurig fand, so fragte er sogleich nach dem Ei; das war zwar nicht zerbrochen, aber die Frau bat ihn um alles in der Welt, daß er sie doch zu ihrem Vater bringe, der wolle sterben und wünsche, sie noch einmal zu sehen. Und als der Räuber den

Brief gelesen, gab er endlich ihren Bitten nach und fuhr schon am anderen Morgen mit ihr fort.
Die Frau aber hatte ganz heimlich die Köpfe ihrer Schwestern mit in die Kleiderkiste gepackt, die sie mitnahm, und kam deshalb in große Angst, als ihr Mann unterwegs noch einmal umkehren wollte; er habe vergessen, nach seinen Vögeln zu sehen, sagte er. Die Frau konnte wohl denken, daß er damit die Totenkammer meinte und sie fürchtete, daß er entdecken könnte, was darin vorgefallen war. Deshalb bat sie ihn so dringend und so zärtlich, ihre Reise nicht aufzuhalten, daß er endlich nachgab und sie zu ihrem Vater führte. Den trafen sie ganz gesund an; die Tochter aber hatte sogleich die Knechte ihres Vaters bestellt; die umgaben das Haus und nahmen den Räuber gefangen. Der wurde dann vor ein Gericht gestellt und verurteilt und hingerichtet.
Zugleich aber verlangte der Richter von der jungen Frau, daß sie seinen Leuten den Weg zu dem Räuberschloß zeigen sollte, damit auch die Gehülfen des gottlosen Mannes ihre Strafe bekämen. Das tat die Frau auch sogleich und wies den Leuten den Weg in den Wald. Weil sie aber voranging, und die andern nicht recht acht gaben und zurückblieben, so geschah es, daß sie plötzlich ihre Führerin verloren hatten und deshalb wieder umkehrten. Da irrte die Frau nun allein herum und stieß mit einem Male auf die Räuberbande und wurde gefangen genommen. »Da haben wir also das böse Weib, das unseren Hauptmann verraten hat!« sagten die Räuber und beschlossen, sie lebendig in Harz zu sieden, und banden sie an einen Baum und begaben sich in den Wald, um Holz und Harz herbeizuschaffen.
Als die arme Frau nun bitterlich weinte, kam plötzlich die alte Mutter des geköpften Räubers zu ihr und band sie los, weil sie Mitleid mit ihr hatte. Dann eilte sie so schnell sie nur konnte zum Wald hinaus und traf auf der Straße

einen Fuhrmann, der hatte Faßringe geladen, und den bat sie, er möge sie doch aufsitzen lassen und unter den Ringen verstecken, weil die Räuber sie verfolgen könnten. Der Mann aber sagte: »Das könnte mir Wagen und Pferde kosten! Ich mag mit den Räubern nichts zu tun haben!« Da ging die Frau fort und kam bald zu einem zweiten Fuhrmann, der hatte Fässer auf dem Wagen und auch keinen Mut, die Frau aufzunehmen. So lief sie wieder eine Strecke weiter, bis sie ganz ermattet zu einem dritten kam, der hatte Brunnentröge geladen, den einen immer größer als den andern, so daß mehrere ineinander gelegt werden konnten. Dieser Fuhrmann nahm sie auf und versteckte sie unter dem untersten Brunnenstein und legte die übrigen über sie her.

Als die Räuber nun aber mit vielem Holz und Harz zurückkamen und die Frau nicht mehr vorfanden, sprangen sie ihr nach. Da trafen sie den ersten Fuhrmann mit den Reifen und luden ihm den ganzen Wagen ab und eilten weiter, als sie die Frau bei ihm nicht fanden. Ebenso machten sie es dem zweiten und dann auch dem dritten Fuhrmann. Diesem warfen sie die Brunnensteine einen nach dem andern herunter bis auf den untersten, unter welchem die Frau verborgen war. Da geriet der Fuhrmann in Todesangst. Als nun aber grade einer den Stein anfaßte, um ihn aufzuheben, da rief der neue Anführer: »Wir wollen weiter gehn! Da sitzt sie doch nicht drunter.« Und so ließen sie den letzten Brunnenstein liegen und zogen ab. Der Fuhrmann aber lud eilig einige Steine wieder auf und brachte dann die Frau glücklich zu ihrem Vater.

Darauf hatten die Räuber einen so großen Zorn auf die Frau, daß sie mehrmals versuchten, des Nachts in die Mühle einzubrechen und Feuer darin anzulegen. Als sie aber zum dritten Male kamen, hatte man aufgepaßt und nahm alle gefangen.

Der Müller aber mochte in der Mühle nicht länger wohnen

und zog mit seiner Tochter in die benachbarte Stadt. Dort wohnte auch der brave Fuhrmann, der die Frau gerettet hatte, und zum Dank dafür und weil er ihr auch sonst gefiel, hat sie ihn geheiratet und beide haben noch lange glücklich miteinander gelebt.

Der Räuber und seine Söhne

Es war einmal ein Räuber, der hauste in einem großen Wald und lebte mit seinen Gesellen in Schluchten und Felsenhöhlen, und wenn Fürsten, Herren und reiche Kaufleute auf der Landstraße zogen, so lauerte er ihnen auf und raubte ihnen Geld und Gut. Als er zu Jahren kam, so gefiel ihm das Handwerk nicht mehr, und es gereute ihn, daß er so viel Böses getan hatte. Er hub also an ein besseres Leben zu führen, lebte redlich und tat Gutes, wo er konnte. Die Leute wunderten sich, daß er sich so schnell bekehrt hatte, aber sie freuten sich darüber. Er hatte drei Söhne; als die herangewachsen waren, rief er sie vor sich und sprach: »Liebe Kinder, sagt mir, was für ein Handwerk wollt ihr erwählen, womit ihr euch ehrlich nähren könnt?« Die Söhne besprachen sich miteinander und gaben ihm dann zur Antwort: »Der Apfel fällt nicht weit vom Stamm, wir wollen uns ernähren, wie Ihr Euch ernährt habt. Wir wollen Räuber werden. Ein Handwerk, wobei wir von morgens bis abends uns abarbeiten und doch wenig Gewinn und ein mühseliges Leben haben, das gefällt uns nicht.« – »Ach, liebe Kinder«, antwortete der Vater, »warum wollt ihr nicht ruhig leben und mit wenigem zufrieden sein? Ehrlich währt am längsten. Die Räuberei ist eine böse und gottlose Sache, die zu einem schlimmen Ende führt; an dem Reichtum, den ihr zusammenbringt, habt ihr keine Freude; ich weiß ja, wie es mir dabei zu Mut gewesen ist. Ich sage euch, es nimmt einen schlechten Ausgang. Der Krug geht so lange zu Wasser, bis er bricht; ihr werdet zuletzt ergriffen und an den Galgen ge-

henkt.« Die Söhne aber achteten nicht auf seine Ermahnungen und blieben bei ihrem Vorsatz.
Nun wollten die drei Jünglinge gleich ihr Probestück machen. Sie wußten, daß die Königin in ihrem Stall ein schönes Pferd hatte, das von großem Wert war, das wollten sie ihr stehlen. Sie wußten auch, daß das Pferd kein ander Futter fraß als ein saftiges Gras, das allein in einem feuchten Wald wuchs. Sie gingen also hinaus, schnitten das Gras ab und machten ein großes Bündel daraus, in welches die beiden ältesten den jüngsten und kleinsten steckten, so daß er nicht konnte gesehen werden. Sie trugen das Bündel auf den Markt, wo der Stallmeister der Königin ihn kaufte, zu dem Pferd in den Stall tragen und hinlegen ließ. Als es Mitternacht war und jedermann schlief, machte sich der Kleine aus dem Grasbündel heraus, band das Pferd ab, zäumte es mit dem goldenen Zaum und legte ihm das goldgestickte Reitzeug an, und die Schellen, die daran hingen, verstopfte er mit Wachs, damit sie keinen Klang gäben. Dann öffnete er die verschlossene Pforte und ritt auf dem Pferd in aller Eile fort nach dem Ort, wohin ihn seine Brüder beschieden hatten. Allein die Wächter in der Stadt bemerkten den Dieb, eilten ihm nach, und als sie ihn draußen mit seinen Brüdern fanden, nahmen sie alle drei gefangen und führten sie in das Gefängnis.
Am anderen Morgen wurden sie vor die Königin geführt, und als diese sah, daß es drei schöne Jünglinge waren, so forschte sie nach ihrer Herkunft und vernahm, daß es die Söhne des alten Räubers waren, der seine Lebensweise geändert und als ein gehorsamer Untertan gelebt hatte. Sie ließ sie also wieder in das Gefängnis zurückführen und bei dem Vater anfragen, ob er seine Söhne lösen wollte. Der Alte kam und sagte: »Meine Söhne sind nicht wert, daß ich sie mit einem Pfennig löse.« Da sprach die Königin zu ihm: »Du bist ein weitbekannter, verrufener Räuber gewesen; erzähle mir das merkwürdigste Abenteuer aus

deinem Räuberleben, so will ich dir deine Kinder wiedergeben.«
Als der Alte das vernahm, hub er an: »Frau Königin, hört meine Rede, ich will Euch ein Ereignis erzählen, was mich mehr erschreckt hat als Feuer und Wasser. Ich brachte in Erfahrung, daß in einer wilden Waldschlucht zwischen zwei Bergen, zwanzig Meilen von den Menschen entfernt, ein Riese lebte, der einen großen Schatz, viel tausend Mark Silber und Gold besäße. Ich wählte also aus meinen Gesellen so viele aus, daß unser hundert waren, und wir zogen hin. Es war ein langer, mühsamer Weg zwischen Felsen und Abgründen. Wir fanden den Riesen nicht zu Haus, waren froh darüber und nahmen von dem Gold und Silber so viel, wie wir tragen konnten. Als wir damit uns auf den Heimweg machen wollten und ganz sicher zu sein glaubten, da kam der Riese mit zehn andern Riesen unversehens daher und nahm uns alle gefangen. Sie teilten uns unter sich auf; jeder erhielt zehn von uns, und ich fiel mit neun meiner Gesellen dem Riesen zu, dem wir seinen Schatz genommen hatten. Er band uns die Hände auf den Rücken und trieb uns wie Schafe in seine Felsenhöhle. Wir waren bereit, uns mit Geld und Gut zu lösen, er aber antwortete: ›Eure Schätze brauche ich nicht; ich will euch behalten und euer Fleisch verzehren, das ist mir lieber.‹ Dann befühlte er uns alle, wählte einen aus und sprach: ›Der ist der fetteste, mit dem will ich den Anfang machen.‹ Dann schlug er ihn nieder, warf das zerschnittene Fleisch in einen Kessel mit Wasser, den er über das Feuer setzte, und als es gesotten war, hielt er seine Mahlzeit. So aß er jeden Tag einen von uns, und weil ich der magerste war, so sollte ich der letzte sein. Als nun meine neun Gesellen aufgezehrt waren und die Reihe an mich kam, so besann ich mich auf eine List. ›Ich sehe wohl, daß du böse Augen hast‹, sprach ich zu ihm, ›und am Gesicht leidest. Ich bin ein Arzt und bin in meiner Kunst wohl erfahren, ich will

dir deine Augen heilen, wenn du mir mein Leben lassen willst.‹ Er sicherte mir mein Leben zu, wenn ich das vermöchte. Er gab mir alles, was ich dazu verlangte. Ich tat Öl in einen Kessel, mengte Schwefel, Pech, Salz, Arsenik und andere verderbliche Dinge hinein und stellte den Kessel über das Feuer, als wollte ich ein Pflaster für seine Augen bereiten. Sobald das Öl am sieden war, mußte der Riese sich niederlegen, und ich goß ihm alles, was im Kessel war, auf die Augen, über den Hals und den Leib, so daß er das Gesicht völlig verlor und die Haut am ganzen Leib verbrannte und zusammenschrumpfte. Er fuhr mit entsetzlichem Geheul in die Höhe, warf sich wieder zur Erde, wälzte sich hin und her und schrie und brüllte dabei wie ein Löwe oder ein Ochse. Dann sprang er in Wut auf, packte eine große Keule, und in dem Haus umherlaufend schlug er auf die Erde und gegen die Wand und dachte mich zu treffen. Entfliehen konnte ich nicht, denn das Haus war überall von hohen Mauern umgeben und die Türen waren mit eisernen Riegeln verschlossen. Ich sprang aus einem Winkel in den andern, endlich wußte ich mir nicht anders zu helfen, ich stieg auf eine Leiter bis zu dem Dach und hing mich mit beiden Händen an den Hahnenbalken. Da hing ich einen Tag und eine Nacht; als ich es aber nicht länger aushalten konnte, so stieg ich wieder herab und mischte mich unter die Schafe. Da mußte ich behend sein und immer mit den Tieren zwischen seinen Beinen hindurchlaufen, ohne daß er mich gewahr ward. Endlich fand ich in einer Ecke unter den Schafen die Haut eines Widders liegen, ich schlüpfte hinein und wußte es so zu machen, daß mir die Hörner des Tiers gerade auf dem Kopf standen. Der Riese hatte die Gewohnheit, wenn die Schafe hinaus auf die Weide gehen wollten, so ließ er sie vorher durch seine Beine laufen. Da zählte er sie und welches am feistesten war, das packte er, kochte es, hielt dann seine Mahlzeit. Ich wäre bei dieser Gelegenheit gerne davon gelaufen und drängte mich durch seine Beine, wie die Schafe taten; als er mich aber packte und merkte, daß ich schwer war, so sprach er: ›Du bist feist, du sollst mir heute meinen Bauch füllen.‹ Ich tat einen Satz und entsprang ihm aus den Händen, aber er ergriff mich wieder. Ich entkam nochmals, aber er packte mich aufs neue, und so ging es siebenmal. Da ward er zornig und sprach: ›Lauf hin, die Wölfe mögen dich fressen, du hast mich genug genarrt.‹ Als ich draußen war, warf ich die Haut ab, rief ihm spöttisch zu, daß ich ihm doch entsprungen wäre, und höhnte ihn. Er zog einen Ring vom Finger und sprach: ›Nimm diesen goldenen Ring als eine Gabe von mir; du hast ihn wohl verdient. Es ziemt sich nicht, daß ein so listiger und behender Mann unbeschenkt von mir gehe.‹ Ich nahm den Ring und steckte ihn an meinen Finger, aber ich wußte nicht, daß ein Zauber darin lag. Von dem Augenblick an, wo er mir am Finger saß, mußte ich unaufhörlich rufen: ›Hier bin ich, hier bin ich!‹ Ich mochte wollen oder nicht. Da der Riese daran merken konnte, wo ich mich befand, so lief er mir in den Wald nach. Dabei rannte er, weil er blind war, jeden Augenblick gegen einen Ast oder einen Stamm und fiel nieder wie ein mächtiger Baum; aber er erhob sich schnell wieder, und da er lange Beine hatte und große Schritte machen konnte, so holte er mich immer wieder ein und war mir schon ganz nahe; denn ich rief ohne Unterlaß: ›Hier bin ich, hier bin ich.‹ Ich merkte wohl, daß der Ring die Ursache meines Geschreies war und wollte ihn abziehen, aber ich vermochte es nicht. Da blieb mir nichts anderes übrig, ich biß mir mit meinen Zähnen den Finger ab. In dem Augenblick hörte ich auf zu rufen, und ich entlief glücklich dem Riesen. Zwar hatte ich meinen Finger verloren, aber ich hatte doch mein Leben behalten.«

»Frau Königin«, sprach der Räuber, »ich habe Euch diese Geschichte erzählt, um einen meiner Söhne zu erlösen;

jetzt will ich, um den zweiten zu befreien, berichten, was sich weiter zutrug. Als ich den Händen des Riesen entronnen war, irrte ich in der Wildnis umher und wußte nicht, wo ich mich hinwenden sollte. Ich stieg auf die höchsten Tannen und auf die Gipfel der Berge, aber wohin ich blickte, weit und breit war kein Haus, kein Acker, keine Spur von menschlichem Dasein, überall nichts als eine schreckliche Wildnis. Ich stieg von himmelhohen Bergen herab in Täler, die waren aber wie die tiefsten Abgründe. Mir begegneten Löwen, Bären, Büffel, Waldesel, giftige Schlangen und scheußliches Gewürm; ich sah wilde, behaarte Waldmenschen, Leute mit Hörnern und Schnäbeln so entsetzlich, daß mir noch jetzt schaudert, wenn ich daran zurückdenke. Ich zog immer weiter, Hunger und Durst quälten mich, und ich mußte jeden Augenblick befürchten, vor Müdigkeit umzusinken. Endlich, eben als die Sonne untergehen wollte, kam ich auf einen hohen Berg, da sah ich in einem öden Tal einen Rauch aufsteigen, wie aus einem angezündeten Backofen. Ich lief, so schnell ich konnte, den Berg herab nach dem Rauch zu; als ich unten ankam, sah ich drei tote Männer, die waren an dem Ast eines Baumes aufgehängt. Ich erschrak, denn ich dachte, ich würde in die Gewalt eines anderen Riesen kommen, und war um mein Leben besorgt. Doch faßte ich mir ein Herz, ging weiter und fand ein kleines Haus, dessen Tür weit offen stand; und bei dem Feuer des Herds saß da eine Frau mit ihrem Kinde. Ich trat ein, grüßte sie und fragte, warum sie hier so allein säße und wo ihr Mann sich befände; ich fragte auch, ob es noch weit bis dahin wäre, wo Menschen wohnten. Sie antwortete mir, das Land, wo Menschen wohnten, das läge in weiter Ferne, und erzählte mit weinenden Augen, in voriger Nacht wären die wilden Waldungeheuer gekommen und hätten sie und das Kind von der Seite ihres Mannes weggeraubt und in diese Wildnis gebracht; dann wären sie am Morgen wieder ausgezogen und hätten ihr geboten, das Kind zu töten und zu kochen, weil sie es, wenn sie zurückkämen, aufessen wollten. Als ich das gehört hatte, empfand ich großes Mitleid mit der Frau und dem Kinde und beschloß, sie aus ihrer Not zu erlösen. Ich lief fort zu dem Baum, an welchem die drei Diebe aufgehängt waren, nahm den Mittelsten, der wohlbeleibt war, herab und trug ihn in das Haus. Ich zerteilte ihn in Stücke und sagte der Frau, sie sollte ihn den Riesen zu essen geben. Das Kind aber nahm ich und versteckte es in einem hohlen Baum; dann verbarg ich mich selbst hinter das Haus, so daß ich bemerken konnte, wo die wilden Menschen herkämen und ob es Not wäre, der Frau selbst zu Hilfe zu eilen. Als die Sonne untergehen wollte, sah ich die Ungeheuer von dem Berge herablaufen; sie waren greulich und furchtbar anzusehen, den Affen an Gestalt ähnlich. Sie schleppten einen toten Leib hinter sich her, aber ich konnte nicht sehen, wer es war. Als sie in das Haus kamen, zündeten sie ein großes Feuer an, zerrissen den blutigen Leib mit ihren Zähnen und verzehrten ihn. Danach nahmen sie den Kessel, in dem das Fleisch des Diebes gekocht war, vom Feuer und zerteilten die Stücke unter sich zum Abendessen. Als sie fertig waren, fragte einer, der ihr Oberhaupt zu sein schien, die Frau, ob das, was sie gegessen hätten, das Fleisch ihres Kindes gewesen wäre. Die Frau sagte ja. Da sprach das Ungeheuer: ›Ich glaube, du hast dein Kind versteckt und uns einen von den Dieben gekocht, die an dem Ast hängen.‹ Er hieß drei von seinen Gesellen hinlaufen und ihm von einem jeden der drei Diebe ein Stück Fleisch bringen, damit er sähe, daß sie noch alle dort wären. Als ich das hörte, lief ich schnell voraus und hing mich mit meinen Händen mitten zwischen die zwei Diebe an das Seil, von dem ich den dritten abgenommen hatte. Als nun die Ungeheuer kamen, schnitten sie einem jeden ein Stück Fleisch aus den Lenden. Auch mir schnitten sie ein Stück heraus, aber ich duldete es, ohne einen Laut von mir zu geben. Ich habe zum Zeugnis noch die Narbe an meinem Leib.«

Hier schwieg der Räuber einen Augenblick und sprach dann: »Frau Königin, ich habe Euch dies Abenteuer erzählt für meinen zweiten Sohn, jetzt will ich Euch für den dritten den Schluß der Geschichte berichten. Als das wilde Volk mit den drei Stücken Fleisch fortgelaufen war, so ließ ich mich wieder herab und verband meine Wunde mit Streifen von meinem Hemd, so gut ich konnte, doch das Blut ließ sich nicht stillen, sondern strömte an mir herab. Aber ich achtete nicht darauf, sondern dachte nur, wie ich der Frau mein Versprechen halten und sie und das Kind retten wollte. Ich eilte also wieder zu dem Haus zurück, hielt mich verborgen und horchte auf das, was geschah, aber ich konnte mich nur mit Mühe aufrecht erhalten; mich schmerzte die Wunde, und ich war von Hunger und Durst ganz abgemattet. Indessen versuchte der Riese die drei Stücke Fleisch, die ihm gebracht waren, und als er das gekostet hatte, das mir ausgeschnitten und noch blutig war, so sprach er: ›Lauft und bringt mir den mittelsten Dieb, sein Fleisch ist noch frisch und behagt mir!‹ Als ich das hörte, eilte ich zurück zu dem Galgen und hing mich wieder an das Seil zwischen die zwei Toten. Bald darauf kamen die Ungeheuer, nahmen mich von dem Galgen herab und schleiften mich über Dornen und Distel zu dem Haus, wo sie mich auf den Boden hinstreckten. Sie schärften ihre Zähne, wetzten ihre Messer über mir und bereiteten sich, mich zu schlachten und zu essen. Eben wollten sie Hand anlegen, als plötzlich ein solches Ungewitter mit Blitz, Donner und Wind sich erhob, daß die Ungeheuer selbst in Schrecken gerieten und mit gräßlichem Geschrei zu den Fenstern, Türen und zum Dach hinausfuhren und mich auf dem Boden liegen ließen. Nach drei Stunden begann es Tag zu werden, und die klare Sonne stieg empor. Ich machte mich mit der Frau und dem Kinde auf, wir wanderten vierzig Tage durch die Wildnis und hatten keine andere Nahrung als Wurzeln, Beeren und Kräuter, die im Walde wuchsen. Endlich kam ich wieder unter Menschen und brachte die Frau mit dem Kinde wieder zu ihrem Mann; wie groß seine Freude war, kann sich jeder leicht denken.«

Damit war die Geschichte des Räubers zu Ende. »Du hast durch die Befreiung der Frau und des Kindes viel Böses, was du getan hast, wieder gut gemacht«, sprach die Königin zu ihm, »ich gebe dir deine drei Söhne frei.«

Der Werwolf

Ein Soldat erzählte folgende Geschichte, die seinem eigenen Großvater begegnet sein soll: Dieser, sein Großvater, sei einmal zu Wald holzhauen gegangen, mit einem Gevatter und noch einem dritten, welchen man immer im Verdacht gehabt, daß es nicht ganz richtig mit ihm gewesen; doch so hätte man nichts Gewisses davon zu sagen gewußt. Nun hätten die dreie ihre Arbeit getan und wären müde geworden, worauf dieser dritte vorgeschlagen, ob sie nicht ein bißchen ausschlafen wollten. Das sei denn nun so geschehen, jeder hätte sich nieder an den Boden gelegt; er, der Großvater, aber nur so getan, als schliefe er, und die Augen ein wenig aufgemacht. Da hätte der dritte erst recht um sich gesehen, ob die andern auch schliefen, und als er solches geglaubt, auf einmal den Gürtel abgeworfen und wäre ein Werwolf gewesen, doch sehe ein solcher Werwolf nicht ganz aus wie ein natürlicher Wolf, sondern etwas anders. Darauf wäre er weggelaufen zu einer nahen Wiese, wo gerade ein jung Füllen gegraset, das hätte er angefallen und gefressen mit Haut und Haar. Hernach wäre er zurückgekommen, hätte den Gürtel wieder umgetan und nun, wie zuvor, in menschlicher Gestalt dagelegen. Nach einer kleinen Weile, als sie alle zusammen aufgestanden, wären sie heim nach der Stadt gegangen, und wie sie eben am Schlagbaum gewesen, hätte jener dritte über Magenweh geklagt.

Da hätte ihm der Großvater heimlich ins Ohr geraunt: »Das will ich wohl glauben, wenn man ein Pferd mit Haut und Haar in den Leib gegessen hat.«

Jener aber geantwortet: »Hättest du mir das im Walde gesagt, so solltest du es jetzo nicht mehr sagen.«
Ein Weib hatte die Gestalt eines Werwolfs angenommen und war also einem Schäfer, den sie gehaßt, in die Herde gefallen und hatte ihm großen Schaden getan. Der Schäfer aber verwundete den Wolf durch einen Beilwurf in die Hüfte, so daß er in ein Gebüsch kroch. Da ging der Schäfer ihm nach und gedachte ihn ganz zu überwältigen, aber er fand ein Weib, beschäftigt, mit einem abgerissenen Stück ihres Kleides das aus der Wunde strömende Blut zu stillen.
Zu Lüttich wurden im Jahre 1610 zwei Zauberer hingerichtet, weil sie sich in Werwölfe verwandelt und viele Kinder getötet. Sie hatten einen Knaben bei sich von zwölf Jahren, welchen der Teufel zum Raben machte, wenn sie Raub zerrissen und gefressen.

… die Sonne bringt es an den Tag …
Verbrechen, die aufgeklärt werden

Die Märchen in diesem Kapitel erzählen von Mördern und Räubern, von grausigen Verbrechen und Strafen. Wie kann man den Täter ausfindig machen? Die Sonne bringt vielleicht an den Tag, was im Dunkeln geschah; die Raben legen Zeugschaft ab von einer grausigen Bluttat; schließlich gibt es findige Kerle, die sich nichts mehr vormachen lassen. Am Ende ist der Schuldige gefunden oder er hat sich selbst verraten. Die Strafe erwartet ihn, selbst nach dem Tode.

Der Löwe, der Bär und die Schlange

Es war ein Kaufmann, der reiste alle halbe Jahr durch einen Wald seiner Geschäfte wegen. Da ging einmal nicht weit vor ihm her der Bediente des Königs und stürzte in eine tiefe Grube und konnte sich nicht wieder herausarbeiten. Als der Kaufmann herzukam, drehte er ein Seil und ließ das hinab und zog eine schwere Last herauf. Aber wie erschrak er, als er statt des Bedienten einen Löwen heraufgezogen hatte. Der sprach zu ihm: »Ich danke dir, und hier hast du auch Geld, daß du mich befreit hast; ich war schon lange da unten. Der aber, für welchen du das Seil gemacht hast, der ist nicht wert, daß du ihn heraufziehst.«

Indes ließ er doch noch einmal sein Seil hinab und zog etwas Schweres herauf, aber nicht den Bedienten des Königs, sondern einen Bären. Der bedankte sich ebenfalls und gab ihm Geld und sagte: »Der Löwe war mein nächster Nachbar. Der aber, für welchen du das Seil gemacht hast, der ist nicht wert, daß du ihn heraufziehst.« Als der Kaufmann nun zum dritten Male sein Seil hinunterließ, da zog er eine Schlange herauf, die gab ihm gleichfalls Geld und sagte, daß derjenige, für welchen er das Seil gedreht, es nicht verdiene, daß er ihn heraufziehe. Dennoch ließ er sein Seil zum vierten Male in die Tiergrube hinab und brachte diesmal richtig den Bedienten herauf.

Als dieser das viele Geld sah, so faßte er den gottlosen Entschluß, seinen Erretter zu verraten und machte auch sogleich beim Gericht die Anzeige, daß dieser Kaufmann mehrere Menschen, die man vermißte, gemordet und ausgeplündert und daher das viele Geld bekommen habe. Die

Wahrheit aber war, daß eben dieser Bediente selbst jene Menschen gemordet und beraubt hatte. Weil nun das Gericht den Kaufmann für den Mörder hielt, so wurde ihm zur Strafe die Haut abgezogen und auf eine Eiche gehängt; er selbst aber wurde mit Stricken an dem Baume festgebunden und sollte auf die Art elendiglich sterben. Da kamen jedoch der Löwe und der Bär, die er befreit hatte, und zernagten die Stricke und führten ihn in ihre Höhle und pflegten ihn hier, bis daß er geheilt war und beschenkten ihn dann, als er fortging, wiederum mit Geld und mit Kleidern. Wie das Gericht aber sah, daß er entkommen und am Leben geblieben war, nahm man ihn zum zweiten Male gefangen und warf ihn in einen Turm.

Da besuchte ihn die Schlange und sprach: »Bist du auch einmal in Not?« – »Ach ja«, sprach er, »ich weiß mir nicht mehr zu helfen!« Sprach die Schlange: »Nun, ich will dir schon beistehen; ich habe so eben des Königs Tochter in die Stirn gestochen, also, daß niemand ihr helfen kann. Hier aber bring' ich dir ein Kraut, wenn du damit ihre Stirn bestreichst, so wird sie in drei Stunden geheilt sein.«

Da ließ der Kaufmann durch den Gefangenwärter dem König sagen, daß er ein sicheres Mittel gegen den Schlangenbiß habe, worauf er alsbald zu der Prinzessin geführt wurde und ihre Stirn mit dem Saft des Heilkrautes bestrich. Danach war die Königstochter in drei Stunden wieder frisch und gesund, worüber der König, der sie schon für verloren gehalten hatte, eine solche Freude empfand, daß er seinen Ring vom Finger zog und ihn dem Kaufmann gab, indem er sprach: »Ich bin alt und verlasse gern den Thron; nimm du ihn an meiner Stelle ein! Denn die Tochter, die du mir wiedergegeben hast, die ist mir viel lieber als ein ganzes Königreich.« So ist der Kaufmann noch König geworden.

Der gestohlene Heller

Ein Wanderer trat eines Tages in die Gaststube eines Dorfes. Es war gerade Mittagszeit, und der Gastwirt mit seiner Familie saß traurig um den Tisch herum, um das Mittagsbrot zu verzehren. Da der Mann zu mitleidigen Leuten gekommen war, so wurde er eingeladen, mit ihnen zu speisen. Als es zwölf Uhr schlug, ging plötzlich die Tür leise auf; ein kleines bleiches Kind trat herein, grüßte niemand, sagte kein Wort, sondern ging stillschweigend und leise in die Kammer. Niemand sprach ein Wort, auch der Fremde nicht, aber ihn überlief ein kalter Schauer.
Der Wanderer mußte sich einige Tage in dem Dorfe aufhalten, um dort einige Geschäfte zu erledigen, sonst wäre er lieber gegangen; denn am zweiten Tage zur Mittagszeit erschien dieselbe Gestalt und ging zur Kammer, und so geschah es auch am dritten Tage. Da hielt es der Fremde nicht länger aus, und fragte die Leute: »Sagt mir doch, was ist das für ein Kind, das jeden Tag zu euch hereinkommt und in die Kammer geht?« Der Vater blickte verwundert auf und sagte, daß er von einem Kinde nichts gesehen habe, die Mutter aber begann zu weinen. Jetzt ging der Fremde zur Kammertür, öffnete sie ein wenig und blickte in die Kammer. Da sah er denn, wie das Kind am Boden saß, emsig mit den Fingern in einer Ritze zwischen zwei Dielen wühlte und seufzte: »Ach, das Hellerlein!« Da die Tür aber etwas knarrte, fuhr das Kind zusammen und verschwand. Der Gast erzählte den Wirtsleuten, was er gesehen hatte. Die Mutter weinte noch mehr und sagte, das sei ihr Kind, das sie vor zwei Wochen begraben hätten. Dann

fragte sie traurig, warum das Kind wohl keine Ruhe im Grabe habe und was es wohl für eine Bewandtnis mit den Dielen und dem Hellerlein habe. Der Gast erbot sich, am nächsten Tage in die Kammer zu gehen und das Kind selbst zu fragen. Wie nun das Kind wieder hereintrat, sagte der Mann sogleich: »Alle guten Geister loben Gott!« Anfangs erschrak das Kind, dann aber faßte es sich und antwortete: »Ich auch!« Darauf fragte es der Fremde, was es hier denn wolle und ob es keine Ruhe finden könne. Da erwiderte das Kind: »Es habe eines Sonntags von der Mutter einen Heller erhalten, den es in der Kirche in den Klingbeutel werfen sollte; das habe es aber nicht getan, sondern es habe das blanke Geldstück wieder mit nach Hause genommen, um sich noch andere dazu zu sparen; hier in der Kammer habe es mit dem Heller gespielt, und dabei sei er in die Ritze der Diele gefallen. Deshalb habe es jetzt im Grabe keine Ruhe.« Das Kind verschwand darauf, und der Fremde erzählte alles den Eltern. Die Diele wurde nun aufgehoben, und wirklich fand man den Heller unter derselben. Die Mutter legte ihn in den Klingbeutel, und das Kind erschien nicht wieder.

Die Sonne wird dich verraten

Ein Schneider schlug einst einen Juden tot, um ihn zu berauben. Der Jude aber sagte, bevor er starb, zu dem Schneider: »Die Sonne wird dich noch verraten!« Und das waren seine letzten Worte.

Viele Jahre vergingen, und niemand dachte mehr an den gemordeten Juden. Der Schneider nahm eine Frau und war glücklich und wohlhabend und geachtet von seinen Mitbürgern. Da lag er eines Sonntagmorgens noch im Bett, als die Sonne schon hell durchs Fenster schien und bis auf sein Bett kam. Da mußte er laut lachen, daß die Frau gar nicht begreifen konnte, was ihrem Manne sei und weshalb er lache, und sie ließ ihm keine Ruhe, bis er ihr alles entdeckte. »Ich habe«, fing er an, »vor vielen Jahren einmal einen Juden umgebracht, und der hat sterbend gesagt, die Sonne werde mich noch verraten. Und wie sie nun eben da aufs Bett scheint, fällt mir die Geschichte wieder ein, und ich mußte lachen, indem ich dachte, die Sonne würde wohl gerne schwätzen; aber sie hat ja keine Zunge!«

Der Frau war es entsetzlich, daß ihr Mann ein Mörder war und sie konnte ihn nimmer lieb haben. Bald bekamen sie Streit miteinander, und da sie es nicht länger bei ihm aushalten konnte und ein Grauen vor ihm hatte, so zeigte sie die ganze Sache dem Gerichte an. Nachdem der Schneider alsdann selbst seine Schuld eingestanden, wurde er hingerichtet. Bevor ihm aber der Kopf mit dem Schwerte abgeschlagen wurde, sagte er noch: »Die Sonne hat mich doch noch verraten!«

Der Raben Zeugschaft

Zwei Räuber, die sich von anderer Schaden aus dem Stegreif ernährt hatten, begegneten einmal einem Kaufmann, dem sie nicht allein abnahmen, was er hatte, sondern hinter einen Busch führten, und, damit er sie nicht verraten sollte, ermordeten. Als er nun in Todesnöten, und durch sein flehentliches Bitten nichts erhalten konnte, ruft er die vorüberfliegenden Raben an und bittet sie, daß sie doch diese Übeltäter anzeigen und zu gebührlicher Strafe bringen wollten.
Die Raben fliegen schreiend fort und geben dadurch gleichsam zu verstehen, daß sie solch Bitte gehört und zu rechter Zeit ausrichten wollten. Die Räuber aber verlachten diesen Einfältigen und fürchteten sich weder vor Gott, noch vor den Vögeln, unwissend, daß er auch durch die geringsten Tiere wie Mücken, Frösche, Ameisen und allerhand Ungeziefer strafen kann, wie an der Geschichte von Pharao, zu Moses Zeiten, zu lesen.
Drei Tage hernach sitzen diese zwei in einem Wirtshaus und verzechen miteinander den abgenommenen Raub.
Indem sie nun, wie gesagt, fröhlich sind, kommen viele Raben und setzen sich auf den Lindenbaum vor dem Wirtshause mit einem solchen Geschrei, daß nicht nur die zwei Räuber, sondern auch alle, die es anhörten, davor erschraken; weil alles Geschrei der ganz schwarzen Vögel für unglückselig und für ein böses Zeichen gehalten wird; hingegen aber anderer Farbe Vögel sollen glückselig sein, besonders wenn sie zur rechten Hand dessen, der sie hört, sitzen oder fliegen.

Vor diesem Galgengeschrei entsetzte sich der eine Räuber und sagte: »Höre doch unseres Mannes Zeugen!« Der andere lachte darüber, jedoch mit erblaßtem Angesicht und beteuerte dem Kellner, der ihnen zu trinken gebracht und es auch angehört hatte, von seinem Gewissen angewiesen, daß er unschuldig Blut vergossen habe, welches gegen den Himmel um Rache schreien würde.
Der Kellner meldete diese Rede seinem Wirt an; der Wirt wußte, daß vermittelst der Raben ein Leichnam nicht fern im Wald gefunden worden war, welcher, da bereits sehr zerfressen, von der Obrigkeit einzugraben befohlen worden war, und er faßte sofort Argwohn, daß diese zwei Gesellen diesen Mord begangen hatten.
Dieses will er gleichwohl der Obrigkeit anzeigen, weil ihm der Kaufmann bekannt gewesen war und früher bei ihm allerhand verzehrt hatte, so daß er dessen Tod rächen und dann die Reisestraße sichern wollte; denn die Reisenden sicherten ihm seinen Lebensunterhalt. Deswegen gibt er den zwei Gesellen einen Trunk zum besten und schickt inzwischen einen Knecht, um die Sache der Obrigkeit zu melden.
Die Schergen kommen alsbald und nehmen die beiden in Haft, sondern sie voneinander ab, und der Bannrichter verhört sie, wie üblich: Wer sie wären. Was ihr Gewerb. Wo sie herkämen und hinwollten. Endlich, ob sie nicht dabei gewesen wären, als einem Kaufmann auf die Tasche geschlagen worden wäre. Diese zwei treffen zusammen, wie die alten Susanna-Männer, und verreden sich, so daß man sie der Folter übergibt und die Wahrheit herauszwingt.
Die zwei Gesellen bekennen, daß sie die Rache Gottes über sich verspürten; und obwohl zwar niemand bei der Mordtat dabeigewesen war außer den Raben, daß doch deren Zeugschaft ihnen das Gewissen rege gemacht und sie des Sterbenden Befehl treu ausgerichtet hatten. Also

haben die zwei empfangen, was ihre Taten wert waren und sind lebendig gerädert worden, zwischen Genua und Livorno, in einem Flecken, dessen Name der Erzähler vergessen hat.
Hieraus ist zu beachten, daß von allen verborgenen Sünden zu sagen ist, was an rechter Stelle Salomon von den Verleumdern und üblen Nachrednern der Könige sagte:

»Die Vögel des Himmels führen die Stimme,
und die, die Fittiche haben, reden es nach!«

Wer will etwas verbergen vor dem, der das Aug' gemacht und das Ohr geschaffen hat? Gott ist allwissend und erkennt auch unsere Gedanken – wie sollten ihm dann unsere Taten verborgen sein, so daß jene zwei nicht ihre verdiente Strafe – auf unerwartete Weise – erfuhren.

Die ermordete Schwester

Es hatte eine Mutter drei Töchter, diese schickte sie Beeren suchen. Zwei Schwestern waren dazu zu faul, die jüngste war fleißig, sie sammelte sorgsam und pflückte sich eine Schale voll. Sie kamen nach Hause, die Mutter empfängt die Beeren, lobt ihre jüngste Tochter und gibt ihr am anderen Morgen bessere Bissen, als den beiden anderen.
Am folgenden Tage suchen sie wieder Beeren. Die älteren Töchter faulenzen wiederum, schlagen irgendwie die Zeit tot, die eine ordnet der anderen das Haar, nicht eine Beere suchen sie – die jüngste sammelt ihre Schale voll. Am Abend kommen sie nach Hause, die jüngste hat der Mutter etwas zu geben, die anderen nichts. Die Mutter schilt diese, lobt ihre jüngste, gibt ihr besseres Essen, kauft ihr ein Tüchlein, um sie zu erfreuen.
Sie gehen wieder einmal Beeren suchen: die älteren ordnen einander das Haar und beraten unter sich: »Was sollen wir mit der jüngsten Schwester anfangen? Die Mutter liebt sie mehr als uns, gibt ihr bessere Bissen, kauft ihr Tücher. Wir wollen sie umbringen!« Die Schwestern brachten die jüngste um, gruben ein Grab und scharrten sie ein; darauf gingen sie nach Hause und sagten der Mutter: »Deine gute Tochter hat der Wolf weggebracht!«
So lebten sie eine Weile, da begab sich der Bruder in den Wald, um sich Holz zu einer Harfe zu suchen. Er ging, er suchte bis zum Abend, da hörte er, es singt ein krummes Birklein:

»Brüderlein, Brüderlein,
Fälle mich, fälle mich!
Hell als Harfe werd' ich klingen,
Hell als Harfe, langnachhallend.
Schwestern beide, bösen Sinnes,
Brachten um das liebe Beerlein,
Scharrten's ein auf Bergeshöhe!«

Der Bruder ging nach Hause und dachte: »Was mag das doch sein, ein krummes Birklein und singt so!«
Am anderen Tage ging der Bruder wieder, um Holz zu einer Harfe zu suchen; er irrt den ganzen Tag im Walde herum, ohne das richtige Holz zu finden; am Abend gerät er wieder zum krummen Birklein; dieses singt mit trauriger Stimme ebenso wie früher:

»Brüderlein, Brüderlein,
Fälle mich, fälle mich!
Hell als Harfe werd' ich klingen,
Hell als Harfe, langnachhallend.
Schwestern beide, bösen Sinnes,
Brachten um das liebe Beerlein,
Scharrten's ein auf Bergeshöhe!«

Der Bruder geht nach Hause und denkt: Was mag es doch zu bedeuten haben, daß eine Birke singt? Was soll ich tun? Er ging zum Weisen und klagt ihm: »Ich suchte Holz zur Harfe und kam dabei zu einem krummen Birklein, dieses singt mir so sonderbar.« Der Weise lehrt: »Das Birklein ist deine jüngste Schwester; du fälle das Bäumlein, mache draus eine Harfe, diese schlage erst selbst, dann gib sie dem Vater, damit er sie schlägt, dann der Mutter, der älteren Schwester, der jüngeren; mögen sie sie auch schlagen. Hat die jüngere auch die Harfe geschlagen, so nimm dieselbe von ihr, doch halte sie kräftig. Die Harfe verwandelt sich in eine Schlange, eine Eidechse, einen Wolf, einen Bären –

kurz in alles, was auf der Erde sich findet; wird sie zur Spindel, so zerbrich sie; das eine Ende lege ans Kopfende, das andere zu den Füßen. Du selbst lege dich hin, am Morgen zeigt es sich, was geschehen ist.«
Der Bruder ging am dritten Tage in den Wald; er suchte und irrte und kam zur Birke, die wieder singt:

»Brüderlein, Brüderlein,
Fälle mich, fälle mich!
Hell als Harfe werd' ich klingen,
Hell als Harfe, langnachhallend.
Schwestern beide, bösen Sinnes,
Brachten um das liebe Beerlein,
Scharrten's ein auf Bergeshöhe!«

Der Bruder fällte die Birke und machte aus ihr eine Harfe; diese überzog er mit Saiten, so wie es nötig war; darauf setzte er sich an den Tisch und fing an die Harfe zu schlagen. Die Harfe aber singt:

»Brüderlein, Brüderlein,
Schlage mich, schlage mich!
Hell als Harfe hörst mich klingen,
Hell als Harfe, langnachhallend.
Schwestern beide, bösen Sinnes,
Brachten um das liebe Beerlein,
Scharrten's ein auf Bergeshöhe!«

Der Bruder überreicht die Harfe dem Vater, der schlägt sie, die Harfe aber singt:

»Väterchen, Väterchen,
Schlage mich, schlage mich!
Hell als Harfe hörst mich klingen,
Hell als Harfe, langnachhallend.
Schwestern beide, bösen Sinnes,
Brachten um das liebe Beerlein,
Scharrten's ein auf Bergeshöhe!«

Der Bruder nimmt die Harfe vom Vater, reicht sie der Mutter, die Harfe singt wiederum:

»Mütterlein, Mütterlein,
Schlage mich, schlage mich!
Hell als Harfe hörst mich klingen,
Hell als Harfe, langnachhallend.
Schwestern beide, bösen Sinnes,
Brachten um das liebe Beerlein,
Scharrten's ein auf Bergeshöhe!«

Der Bruder überreicht die Harfe der älteren Schwester. Diese sträubt sich und will sie nicht nehmen. »Weshalb willst du sie nicht? Nimm sie nur!« Die Schwester nahm die Harfe und schlug sie; die Harfe singt:

»Schwesterlein, Schwesterlein,
Schlage mich, schlage mich!
Hell als Harfe hörst mich klingen,
Hell als Harfe, langnachhallend.
Schwestern beide, bösen Sinnes,
Brachten um das liebe Beerlein,
Scharrten's ein auf Bergeshöhe!«

Er gab die Harfe der jüngeren Schwester, wiederum singt die Harfe:

»Schwesterlein, Schwesterlein,
Schlage mich, schlage mich!
Hell als Harfe hörst mich klingen,
Hell als Harfe, langnachhallend.
Schwestern beide, bösen Sinnes,
Brachten um das liebe Beerlein,
Scharrten's ein auf Bergeshöhe!«

Nachdem nun auch die jüngere Schwester gespielt, riß ihr der Bruder die Harfe aus der Hand. Da fing nun die Harfe an sich zu verwandeln: in eine Schlange, eine Eidechse, einen Wolf, einen Bären – kurz in alles, was auf der Erde sich findet. Als sie zur Spindel wurde, nahm diese der Bruder, zerbrach sie und legte sie ins Bett, das eine Ende ans Kopfende, das andere zu den Füßen.

Am Morgen sieht der Bruder nach: die Schwester hat schon ihr Kleid angezogen und sitzt auf dem Rande des Bettes.

Die beiden älteren Schwestern aber wurden an den Schwanz eines Pferdes gebunden.

Was ist der Mensch

Nicht weit von Seesen liegt ein einsames Wirtshaus. Ich glaube, es heißt der neue Krug, der Vetter Juchheidom aber kennt es, denn der hat manches Glas dort geleert. Da diente eine Magd, die war treu und redlich. Da fiel es der Herrschaft einmal ein zu reisen, und das Mädchen blieb allein zu Hause. Nun hatte das Mädchen wohl einen Bräutigam, der es jeden Abend bis um zehn Uhr besuchte, denn um zehn Uhr schob sie ihn jedesmal als eine sittsame Magd zur Tür hinaus und duldete nicht, daß er länger blieb. Den dritten Tag nach der Abreise der Herrschaft reinigte sie das ganze Haus. Der Bräutigam aber wollte den Abend wieder dableiben, und bat und bettelte so viel, aber sie schob ihn endlich zur Haustür hinaus und begleitete ihn dann noch eine kleine Strecke weit nach Seesen zu. Unterdessen haben sich Räuber ins Haus geschlichen und sind ins schönste Zimmer des Hauses gegangen. Darin standen Tische, deren Decken hingen auf die Erde herab, darunter versteckten sie sich alle sechs.

Nachdem aber die Magd an diesem Tage das ganze Haus gereinigt, hatte sie sich noch heißes Wasser aufgesetzt, denn sie hatte sich vorgenommen, sich an diesem Abend ein kleines Fest zu geben und sich einmal am ganzen Körper zu waschen und zu reinigen, wie jedes ordentliche Mädchen das wohl einmal tut, wenn es so ganz mutterseelenallein und ohne Zeugen im Hause ist. Wie sich das Mädchen nun am ganzen Körper gewaschen und abgetrocknet hat, kommt ihr ein Lüstchen an, sich so vor dem großen Spiegel in der Staatsstube zu besehen. So geht sie vor den großen Spiegel in dieser Stube; weiß aber nicht, daß die sechs Räuber unter den Tischdecken verborgen sind. Nun tritt sie vor den großen Spiegel hin und weil sie sieht, wie schön sie ist, und doch denkt, daß sie einmal sterben muß, sagt sie für sich: Was ist der Mensch? Von den sechs Männern ließ sich keiner etwas merken. Die Magd aber ging wieder hinaus, zog ein warmes Hemd an und legte sich ins Bett. Als die Räuber meinten, sie schliefe fest, kamen sie hervor, raubten von allem das Beste und trieben es mit Maultieren fort. Morgens kamen Leute aus der Stadt, die den Eseltreibern begegneten, achteten aber nicht auf sie. Als sie an dem Hause vorbeikamen, stand alles offen und war leer. Da wurden sie aufmerksam, gingen hinein und fanden das Mädchen, das in diesen Tagen wenig Arbeit hatte, noch schlafend auf seiner Kammer. Als es erfuhr, was geschehen sei, wollte sie sich anfangs das Leben nehmen, wurde aber durch gute Leute getröstet, und auch die Herrschaft tat dem Mädchen nichts, weil es immer treu und redlich gewesen war. Auch verschmerzte die Herrschaft nach mehreren Jahren den Verlust ganz und gelangte wieder zu schönem Wohlstande.

Nun kam aber nach Jahr und Tag das Mädchen einmal in ein anderes Wirtshaus, da saßen an der Tafel herum mehrere Männer und spielten Karten. Als sie das Mädchen sahen, begann der erste zum zweiten: »Was ist der Mensch?« und so sagte immer einer nach dem andern zu seinem Nachbarn: Was ist der Mensch? Das Mädchen besann sich, daß es dies an jenem Abend gesagt hatte, kam nach Hause und erzählte alles ihrem Herrn, und auch ihm war es sogleich klar, daß das die Räuber gewesen seien, die ihn vor Jahr und Tag bestohlen hatten, und er zeigte dies der Obrigkeit an. Sogleich wurden mehrere Wachen hingeschickt und die Räuber ergriffen und gekoppelt. Sie mußten nun alles bekennen, auch wo ihre Räuberhöhle war, und darin fanden sich so viele Schätze, daß die Herr-

schaft alles, was in jener Nacht gestohlen wurde, wieder erhielt, die Magd eine reichliche Belohnung als Heiratsgut bekam und noch vieles an die Armen verschenkt werden konnte.
Wenn die Leute bei Seesen aber am Galgen vorbeigingen, dann krächzten die Raben: »Was ist der Mensch«, und dazu flogen die Armensünderleichen der Diebe im Winde.

Der verräterische Diener

Es war einmal ein sehr reicher und dabei höchst gütiger Herr, ein wahrer Wohltäter der Menschen. Wer bei ihm Hilfe suchte, wurde nie abgewiesen; seine Freude bestand darin, den Notdürftigen und Unglücklichen zu helfen. Er hatte keinen Erben, für den er hätte Reichtümer sammeln können, und so verwendete er all sein Geld zu guten Werken. Ein solches gutes Werk, und zwar nicht das letzte, war auch dies, daß er über den breiten und reißenden Strom, der unweit von seinem Schlosse dahinfloß, und den menschlichen Verkehr hinderte, mit großen Kosten eine feste, schöne Brücke bauen ließ. Er freute sich über den Bau und ging oft hin, um nachzusehen und die Arbeiter zum Fleiße zu ermuntern. Als die Brücke fertig war, sandte er einen seiner Diener ab, damit er horche, was die Reisenden von ihm urteilen würden und es ihm berichte.

Der Diener stellte sich auf die Brücke, und lauschte auf die Reden der Vorüberziehenden. Einige schalten seinen Herrn einen Toren, daß er so viel Geld auf eine Sache verwendet habe, die ihm selbst keinen Nutzen bringe; die meisten aber priesen ihn, daß er durch die Erbauung der Brücke der ganzen Umgegend eine so große Wohltat erwiesen. Endlich kamen zwei ehrwürdige Greise daher mit langen, weißen Bärten, in Pilgerkleidern. Von diesen sagte der eine: »Was muß das für ein edler Mann sein, der einen so bedeutenden Teil seines Vermögens geopfert, um seinen Nebenmenschen einen Dienst zu tun!« – »Fürwahr«, sagte der andere, »der Erbauer dieser Brücke verdient eine große Belohnung für sein Werk!« – »Wie könnten wir ihn wohl nach Verdienst belohnen?« fragte der erste. »Seine Gattin möge einen Sohn gebären, dem alle Mächte untergeben sein, und dessen Wünsche alle erfüllt werden sollen!« versetzte der zweite, und mit diesen Worten gingen sie vorüber.

Der Diener, der das Zwiegespräch vernommen, wunderte sich nicht wenig, und da er ein schlechtes Herz hatte, dachte er sogleich nach, wie er daraus, zum Schaden seines Herrn, einen Vorteil für sich ziehen könnte. Als er nach Hause kam, berichtete er seinem Herrn die verschiedenen Urteile der Reisenden; hinsichtlich der Pilger aber erlaubte er sich eine abscheuliche Lüge. Er erzählte nämlich, wie die zwei ehrwürdigen Greise bedauert hätten, daß ein so edler Wohltäter der Menschen ein so unerhörtes Unglück erleben solle; denn seine Gemahlin werde einen Sohn zur Welt bringen, den sie bald nach der Geburt töten und aufessen werde. Darüber betrübte sich der gute Herr außerordentlich, und zeigte gar keine Freude, als ihm seine holde Gemahlin eröffnete, sie hoffe zu Gott, ihr beiderseitiger Wunsch werde in Erfüllung gehen, sie würden einen Erben bekommen.

Die holde Frau gebar wirklich ein Söhnlein, und obwohl der Vater jubelte, so trübte ihm die unglückliche Prophezeiung doch stets seine Freude; denn wie sich ein Teil derselben, nämlich daß ihm ein Erbe geboren ward, erfüllt hatte, so mußte er auch mit Sicherheit die Erfüllung des andern Teils erwarten. Indessen paßte der verräterische Diener auf Gelegenheit, um seinen elenden Vorsatz auszuführen. Eines Tages, die günstige Zeit ersehend, stahl er sich abends in das Gemach der Frau, indem er wußte, daß sie bereits fest schlafen werde. Hier nahm er das Kind, das neben der Mutter in einer Wiege lag, und trug es zu seinem Weibe, dem er befahl, auf der Straße seiner zu harren. Dann kehrte er zurück, fing im Hofe einen Hahn, schnitt ihm mit dem Küchenmesser den Kopf ab, und bestrich mit seinem Blute die leere Wiege und das Bett der Mutter; das Messer legte er in die Wiege. Nachdem er dies vollbracht, eilte er zu seinem Weibe, und beide zogen mit dem gestohlenen Kinde in die weite Welt.

Des Morgens, als der Herr in das Gemach seiner Gemahlin trat, die noch schlief, sah er mit Entsetzen die Wiege leer und die Blutspuren der vermeintlichen Schreckenstat. Er glaubte, der zweite Teil der unglücklichen Prophezeiung sei in Erfüllung gegangen, ward wütend vor Schmerz, und da er seine Gemahlin für die Schuldige hielt, durchbohrte er die Schlafende mit seinem Schwerte, so daß sie auf der Stelle tot blieb. Kaum jedoch, daß er die Tat vollbracht, da kühlte sein Blut sich ab, er begann alles zu überlegen und empfand Reue; denn er hatte seine Gattin sehr geliebt, und ohne sie blühte ihm kein Glück auf Erden. Da begann er sein Schicksal zu beweinen. Plötzlich aber erfaßte ihn Verzweiflung, er stürzte wie ein Wahnsinniger aus dem Schlosse und es war nichts weiter von ihm zu hören. Als hierauf die Diener die Herrin tot fanden und der Herr sich nirgends zeigte, rafften sie alles Gut im Schlosse zusammen und zerstreuten sich; das Schloß stand öd und ward allmählich zur Ruine.

Inzwischen hatte der treulose Diener mit seinem Weibe das gestohlene Kind in ferne Lande getragen, und als es heranwuchs und allmählich zu Verstand kam, wußte er als vermeintlicher Vater den Knaben anzuleiten, ja zwang ihn gewaltsam, daß er sich dies und jenes wünschte, was stets erfüllt wurde. So häufte der Verräter große Reichtümer und lebte in Fülle und Pracht; seine Frau jedoch, die von dem Geheimnis nichts wußte, konnte sich nicht genug wundern, woher ihr Mann alles das nehme und drang oftmals in ihn, es ihr zu entdecken. Lange weigerte er sich, bis er endlich ihren Bitten nicht zu widerstehen vermochte und ihr alles vertraute.

Dies hörte zufällig der an der Tür lauschende Knabe, der

schon zwölf Jahre zählte und erfuhr so, welcher Abkunft er sei und welche Wundergabe er besitze. Groß war sein Vergnügen, daß ein anderer sein Vater sei, als der, der ihn oft so unbarmherzig gequält, und er beschloß, ihn nach Verdienst zu strafen. Mittelst seiner Gabe, vermöge der ein jeder seiner Wünsche zur Wirklichkeit ward, verwandelte er den treulosen Diener in einen schwarzen Hund und machte sich mit ihm auf den Weg, um sein väterliches Schloß zu suchen.

Lange zog er in der Welt umher, ohne seine Geburtsstätte erfragen zu können. Es fiel ihm nicht ein, daß er ja nur zu wünschen brauche, am Ziele zu sein. Doch ersann er dies Mittel, daß er in jeder Herberge, wo er aß oder übernachtete, seinem Hunde anstatt des Essens Späne zu reichen befahl, und wenn sich die Wirtsleute wunderten, daß der Hund Späne essen solle, zur Antwort gab:

»Konnte die Mutter ihr Kind aufessen,
Kann der Hund auch Späne fressen.«

Nach langem Hinundherwandern gelangte er endlich zu einem breiten und reißenden Strome, über den eine herrliche Brücke führte. Am Ende der Brücke stand eine neu erbaute Herberge, worin der Knabe erschöpft anhielt. Da ließ er sich ein reiches Mahl bereiten, seinem Hunde jedoch befahl er Späne vorzuwerfen, und als sich der Wirt wunderte, daß der Hund Späne essen solle, gab er wie gewöhnlich zur Antwort:

»Konnte die Mutter ihr Kind aufessen,
Kann der Hund auch Späne fressen!«

»Ei«, sagte der Wirt, »das geschah vor zwölf Jahren unweit von hier in einem Schlosse, daß eine Mutter ihr Kind aufaß, worauf ihr Mann sie im Zorne ermordete und dann verschwand, ohne daß jemand weiß wohin. Ich diente damals in dem Schlosse, und alles war erstaunt über den Vor-

fall. Die Mutter begrub man ihrer Tat wegen an einem ungeweihten Ort; doch was konnte die Unglückliche dafür, es war ihr vor des Kindes Geburt prophezeit worden!«
Freudig hörte der Knabe diese Worte; denn sie entdeckten ihm, daß hier sein väterlicher Sitz sei. Er ließ sich zu dem Grabe der Mutter führen, kniete dort nieder, und vergoß bittre Tränen. »O wärest du doch am Leben, unglückliche Mutter, die ich nicht kannte und die so unschuldig litt!« rief er mit überwallendem Gefühl. Und sieh! da öffnete sich die Erde, und aus dem Grabe stieg eine holde Frauengestalt, drückte den Knaben an ihre Brust und nannte ihn Sohn. Der Knabe hatte, ohne es zu wissen, durch den ausgesprochenen Wunsch seine Mutter zum Leben erweckt, und war jetzt wie von Sinnen und konnte nicht fassen was sich begebe. Bald aber besann er sich, umschlang die Mutter zärtlich und versank in seine Glückseligkeit. »Wäre doch auch der Vater hier, und teilte unsere Wonne mit uns!« rief er hierauf, und alsbald stand ein Mann da von stattlichem Wuchs und freundlichem Aussehn, nur daß Schwermut wie eine Wolke sein Antlitz beschattete. Es war des Knaben Vater, der sein Kind für tot gehalten, und aus Schmerz über den verübten Mord in der Welt umhergeirrt, ohne Ruhe zu finden. Jetzt klärte sich ihm alles auf, und unaussprechlich war die Lust der Überglücklichen. Sie kehrten in ihr Schloß zurück, das die Wünsche des Sohnes schnell in seinen vorigen Zustand versetzten und fingen an, ein neues Leben zu leben. Den verräterischen Diener verwandelte der Sohn wieder in einen Menschen, worauf er kraft gerichtlichen Urteils lebendig durch Pferde zerrissen ward.
Der Vater wurde wieder ein Wohltäter seiner Nebenmenschen, bis ihn nach vielen Jahren ein natürlicher Tod abrief; der Sohn aber gebrauchte nach dem Beispiele des edlen Vaters die ihm verliehene Macht nur zum Nutzen anderer und hinterließ so ein gesegnetes Andenken.

Die zertanzten Schuhe

Es war einmal ein König, der hatte zwölf Töchter, eine immer schöner als die andere, die hatten ihre zwölf Betten zusammen in einem Saal, und wenn sie waren schlafen gegangen, wurde die Türe verschlossen und verriegelt; und doch waren jeden Morgen ihre Schuhe zertanzt und wußte niemand, wo sie gewesen und wie es zugegangen war.

Da ließ der König ausrufen, wer's könnte ausfindig machen, wo sie in der Nacht tanzten, der sollte sich eine davon zur Frau wählen und nach seinem Tod König sein; wer sich aber meldete und es nach drei Tagen und Nächten nicht herausbrächte, der hätte sein Leben verwirkt. Es kam bald ein Königssohn, der ward wohl aufgenommen, und abends in das Zimmer geführt, das vor dem Schlafsaal der zwölf Töchter war, da stand sein Bett und da sollte er acht haben, wo sie hingingen und tanzten; und damit sie nichts heimlich treiben konnten oder zu einem anderen Ort hinaus gingen, war auch die Saaltüre offen gelassen.

Der Königssohn aber schlief ein und als er am Morgen aufwachte, waren alle zwölfe zum Tanz gewesen, denn ihre Schuhe standen da und hatten Löcher in den Sohlen. Den zweiten und dritten Abend ging's eben so, und da ward ihm sein Haupt abgeschlagen; und so kamen noch viele und meldeten sich zu dem Wagestück, sie mußten aber alle ihr Leben lassen. Nun trug sich's zu, daß ein armer Soldat, der eine Wunde hatte und nicht mehr dienen konnte, nach der Stadt zuging, wo der König wohnte. Da begegnete ihm eine alte Frau, die fragte ihn, wo er hin wollte. »Ich weiß selber nicht recht«, sprach er, »aber ich

hätte wohl Lust König zu werden und auszumachen, wo die Königstöchter ihre Schuhe vertanzten.«
»Ei«, sagte die Alte, »das ist so schwer nicht, du mußt nur den Wein nicht trinken, den dir die eine abends bringt, und mußt tun, als wärst du fest eingeschlafen.« Darauf gab sie ihm ein Mäntelchen und sprach: »Wenn du das umhängst, so bist du unsichtbar und kannst den Zwölfen dann nachschleichen.«
Wie der Soldat so guten Rat bekommen hatte, ward's Ernst bei ihm, so daß er sich ein Herz faßte, vor den König ging und sich als Freier meldete. Er ward so gut aufgenommen wie die andern auch, und wurden ihm königliche Kleider angetan. Abends zur Schlafenszeit wurde er in das Vorzimmer geführt, und als er zu Bette gehen wollte, kam die älteste und brachte ihm einen Becher Wein, aber er hatte sich einen Schwamm unter das Kinn gebunden und ließ ihn da hineinlaufen und trank keinen Tropfen. Dann legte er sich nieder, und als er ein Weilchen gelegen hatte, fing er an zu schnarchen, wie im tiefsten Schlaf.
Das hörten die zwölf Königstöchter, lachten, und die älteste sprach: »Der hätte auch sein Leben sparen können!« Danach standen sie auf, öffneten Schränke, Kisten und Kasten und holten prächtige Kleider heraus, putzten sich vor den Spiegeln, sprangen herum und freuten sich auf den Tanz. Nur die jüngste sagte: »Ich weiß nicht, ihr freut euch, aber mir ist so wunderlich zu Mute, gewiß widerfährt uns ein Unglück.«
»Du Schneegans«, sagte die älteste, »du fürchtest dich immer, hast du vergessen, wie viel Königssöhne schon umsonst dagewesen sind; dem Soldaten hätt' ich nicht einmal brauchen einen Schlaftrunk zu geben, er wär' doch nicht aufgewacht.«
Wie sie fertig waren, sahen sie erst nach dem Soldaten, aber der rührte und regte sich nicht, und wie sie nun glaubten, ganz sicher zu sein, so ging die älteste an ihr Bett und

klopfte daran; alsbald sank es in die Erde und öffnete sich eine Falltür. Da sah der Soldat, wie sie hinunter stiegen, eine nach der andern, die älteste voran, also daß keine Zeit für ihn zu verlieren war, er sich aufrichtete, sein Mäntelchen umhing und hinter der jüngsten mit hinab stieg. Mitten auf der Treppe trat er ihr ein wenig aufs Kleid; da erschrak sie und rief: »Es ist nicht richtig, es hält mich was am Kleid.«

»Stell dich nicht so einfältig«, sagte die älteste, »du bist an einem Haken hängen geblieben.«

Da gingen sie vollends hinab, und wie sie unten waren, standen sie in einem wunderprächtigen Baumgang, da waren alle Blätter von Silber und schimmerten und glänzten. Der Soldat dachte, du willst dir ein Wahrzeichen mitnehmen und brach einen Zweig davon ab, da kam ein gewaltiger Knall aus dem Baume. Die jüngste rief wieder: »Es ist nicht richtig, habt ihr den Knall gehört, das ist noch nie hier geschehen.«

Die älteste aber sprach: »Das sind Freudenschüsse, weil wir unsere Prinzen bald erlöst haben!«

Sie kamen darauf in einen Baumgang, wo alle Blätter von Gold, und endlich in einen dritten, wo sie klarer Diamant waren; von beiden brach er einen Zweig ab, wobei es jedesmal knallte, daß die jüngste vor Schrecken zusammenfuhr, aber die älteste blieb dabei, es wären Freudenschüsse. Da gingen sie weiter bis zu einem großen Wasser, darauf standen zwölf Schifflein, und in jedem Schifflein saß ein schöner Prinz, die hatten auf die zwölfe gewartet, und jeder nahm eine zu sich. Der Soldat aber setzte sich mit der jüngsten ein, da sprach der Prinz: »Ich bin doch so stark als sonst, aber heute ist das Schiff viel schwerer, und ich muß rudern, was ich kann.«

»Wovon sollt' das kommen«, sprach die jüngste, »als vom warmen Wetter, es ist mir auch so heiß zu Mut.«

Jenseits des Wassers aber stand ein schönes, helleuchtendes

Schloß, woraus eine lustige Musik erschallte von Pauken und Trompeten; da hinüber ruderten sie, gingen ein, und jeder Prinz tanzte mit seiner Prinzessin; der Soldat aber tanzte unsichtbar mit, und wenn eine einen Becher mit Wein hielt, so trank er ihn aus, daß er leer war, wenn sie ihn an den Mund brachte; und der jüngsten ward auch Angst darüber, aber die älteste brachte sie immer zum Schweigen. Sie tanzten da bis drei Uhr am andern Morgen, wo alle Schuhe durchgetanzt waren und sie aufhören mußten.

Die Prinzen fuhren sie über das Wasser wieder hinüber, und der Soldat setzte sich diesmal vorne hin zur ältesten; am Ufer nahmen sie von ihren Prinzen Abschied und versprachen, in der folgenden Nacht wieder zu kommen. Als sie an der Treppe waren, lief der Soldat voraus, legte sich ins Bett, und als die Zwölf langsam und müd' herauf getrippelt kamen, schnarchte er schon wieder laut, so daß sie sprachen: »Nun, vor dem sind wir sicher.« Da taten sie ihre schönen Kleider aus, hoben sie auf, stellten die zertanzten Schuhe unter das Bett und legten sich nieder.

Am andern Morgen wollte der Soldat nichts sagen, sondern das wunderliche Wesen noch mehr ansehen, und ging die zweite und die dritte Nacht wieder mit, und da war alles, wie das erstemal, und sie tanzten jedesmal, bis die Schuhe entzwei waren; nur das drittemal nahm er noch einen Becher mit zum Wahrzeichen. Zu der Stunde nun, wo er antworten sollte, nahm er die drei Zweige und den Becher und ging vor den König, und die Zwölfe standen hinter der Tür und horchten, was er sagen würde. Wie der König nun fragte: »Wo haben meine zwölf Töchter ihre Schuhe in der Nacht vertanzt?« antwortete er: »Mit zwölf Prinzen in einem unterirdischen Schloß«, und erzählte alles und holte die Wahrzeichen hervor.

Da rief der König seine Töchter und fragte sie, ob der Soldat die Wahrheit gesagt hätte, und da sie sahen, daß sie verraten waren und Leugnen nichts half, erzählten sie alles.

Darauf fragte ihn der König, welche er zur Frau haben wollte? Er antwortete: »Ich bin nicht mehr jung, so gebt mir die älteste.« Da ward noch an selbigem Tage die Hochzeit gehalten und ihm das Reich nach des Königs Tode versprochen, aber die Prinzen wurden auf so viele Tage wieder verwünscht, als sie Nächte mit den zwölfen getanzt hatten.

Hirsedieb

In einer Stadt wohnte ein sehr reicher Kaufmann, der hatte am Haus einen großen und prächtigen Garten, in dem auch ein Stück Land mit Hirse besät war. Da nun dieser Kaufmann einmal in seinem Garten herumspazierte – es war zur Frühlingszeit, und der Same stand frisch und kräftig, so sah er zu seinem größten Ärger und Verdruß, daß verwichene Nacht von frecher Diebeshand ein Teil von seinem Hirsesamen abgegrast worden war, und gerade dieses Gartenäckerlein, darauf er alle Jahre Hirse hinsäte, war ihm ganz besonders lieb, wie manchmal die Menschen eine ausschließliche Vorliebe für eine Sache haben. Er beschloß, den Dieb zu fangen und dann nachdrücklich zu strafen oder dem Gericht zu übergeben. Daher er seine drei Söhne Michel, Georg und Johannes zu sich rief und sprach: »Heute Nacht war ein Dieb in unserm Garten und hat mir einen Teil Hirsesamen abgegrast, was mich höchlich ärgert. Dieser Frevler muß gefangen werden und soll mir büßen! Ihr, meine Söhne, mögt nun wachen die Nächte hindurch, einer um den andern, und welcher den Dieb fängt, soll von mir eine stattliche Belohnung bekommen.« Der Älteste, Michel, wachte die erste Nacht; er nahm sich etliche geladene Pistolen und einen scharfen Säbel, auch zu essen und zu trinken mit, hüllte sich in einen warmen Mantel und setzte sich hinter einen blühenden Holunderbusch, hinter dem er bald hart und fest einschlief. Wie er am hellen Morgen erwachte, war ein noch größeres Stück Hirsesamen abgegrast als in voriger Nacht. Und wie nun der Kaufmann in den Garten kam und das

sah und merkte, daß sein Sohn, anstatt zu wachen und den Dieb zu fangen, geschlafen hatte, ward er noch ärgerlicher und schalt und höhnte ihn als einen braven Wächter, der ihm samt seinen Pistolen und seinem Säbel selbst gestohlen werden könne!
Die andre Nacht wachte Georg; dieser nahm sich nebst den Waffen, die sein Bruder vorige Nacht bei sich geführt, auch noch einen Knittel und starke Stricke mit. Aber der gute Wächter Georg schlief ebenfalls ein und fand am Morgen, daß der Hirsedieb wieder tüchtig gegraset hatte. Der Vater ward ganz wild und sagte: »Wenn der dritte Wächter ausgeschlafen hat, wird die Hirsesaat vollends zum Kuckuck sein, und es wird dann keines Wächters mehr bedürfen!«
Die dritte Nacht kam nun an Johannes die Reihe. Dieser nahm trotz allem Zureden keine Waffen mit; doch hatte er sich im geheimen mit recht probaten Waffen gegen den Schlaf versehen; er hatte sich Disteln und Dornen gesucht und diese, als er sich abends in den Garten an seinen Wächterplatz verfügt, vor sich aufgebaut. Wenn er nun einnikken wollte, stieß er allemal mit der Nase an die Stacheln und wurde gleich wieder munter. Als die Mitternacht herbeikam, hörte er ein Getrappel, es kam näher und näher, machte sich in den Hirsesamen, und da hörte Johannes ein recht fleißiges Abraufen. Halt, dachte er, da hab' ich dich, und er zog einen Strick aus der Tasche, schob leise die Dornen zurück und schlich dem Dieb vorsichtig näher. Als er hinzukam – wer hätte sich das vermutet? – war der Dieb – ein allerliebstes kleines Pferdchen. Johannes war innerlich erfreut, hatte auch mit dem Einfangen gar keine Mühe; das Tierchen folgte ihm willig zum Stall, den Johannes fest verschloß. Und nun konnte er noch ganz gemach in seinem Bette ausschlafen. Früh, als seine Brüder aufstiegen und hinunter in den Garten gehen wollten, sahen sie mit Staunen, daß Johannes in seinem Bette lag und

schlief. Da weckten sie ihn und höhnten ihn mit allerlei Neckreden, daß er der beste Wächter sei, da er sogar nicht einmal die Nacht ausgehalten habe auf seiner Wache. Aber Johannes sagte: »Seid ihr nur ganz stille, ich will euch den Hirsedieb schon zeigen.« Und sein Vater und seine Brüder mußten ihm zum Stalle folgen, wo das wunderseltsame Pferdlein stand, von dem niemand zu sagen wußte, woher es gekommen, und wem es zugehöre. Es war allerliebst anzusehen, von zartem und schlankem Bau und dazu ganz silberweiß. Da hatte der Kaufmann eine große Freude und schenkte seinem wackern Johannes das Pferdchen als Belohnung, der nahm es freudig an und nannte es Hirsedieb.

Bald vernahmen die Brüder, daß eine schöne Prinzessin verzaubert wäre im Schloß, das auf dem gläsernen Berge stehe, zu welchem niemand wegen der großen Glätte emporklimmen könne. Wer aber glücklich hinauf und dreimal um das Schloß herumreite, der erlöse die schöne Prinzessin und bekomme sie zur Gemahlin. Gar unendlich viele hätten schon den Bergritt probiert, wären aber alle wieder herabgestürzt und lägen tot umher.

Diese Wundermär erscholl durchs ganze Land, und auch die drei Brüder bekamen Lust, ihr Glück zu versuchen, nach dem gläsernen Berg zu reiten und womöglich die schöne Prinzessin zu gewinnen. Michel und Georg kauften sich junge, starke Pferde, deren Hufeisen sie tüchtig schärfen ließen, und Johannes sattelte seinen kleinen Hirsedieb, und so ging es aus zum Glücksritt. Bald erreichten sie den gläsernen Berg, der älteste ritt zuerst, aber ach – sein Roß glitt aus, stürzte mit ihm nieder, und beide, Roß und Mann, vergaßen das Wiederaufstehen. Der Zweite ritt, aber ach – sein Roß glitt aus, stürzte mit ihm nieder, und beide, Mann und Roß, vergaßen auch das Aufstehen. Nun ritt Johannes, und es ging trapp trapp trapp trapp trapp – droben waren sie, und wieder trapp trapp trapp

trapp trapp, und sie waren dreimal um's Schloß herum, als wenn Hirsedieb schon hundertmal diesen gefährlichen Weg gelaufen wäre. Nun standen sie vor der Schloßtüre; diese ging auf, und es trat die reizendschöne Prinzessin heraus; sie war ganz in Seide und Gold gekleidet und breitete freudig die Arme gegen Johannes aus. Und derselbe stieg schnell vom Pferdlein und eilte, die holde Prinzessin und somit sein ganzes überaus großes Glück zu umfangen.

Und die Prinzessin wandte sich zum Pferdlein, liebkosete dasselbe und sprach: »Ei, du kleiner Schelm, warum warst du mir denn entlaufen, daß ich nicht mehr die einzige Nachtstunde, die mir vergönnet war, unten auf der grünen Erde zu weilen, genießen konnte, da du mich nicht mehr den gläsernen Berg hinunter- und wieder heraufträgst? Nun darfst du uns nimmermehr verlassen.« – Und da ward Johannes gewahr, daß sein Hirsediebchen das Zauberpferdlein seiner himmelschönen Prinzessin war. Seine Brüder kamen wieder auf von ihrem Fall, Johannes aber sahen sie nicht wieder, denn er lebte glücklich und allen Erdensorgen entrückt mit seinem Engel im Zauberschloß auf dem gläsernen Berge, aber auch zu diesem Berge fand kein Menschenkind mehr den Weg, weil der Zauber gelöst und die Prinzessin von ihrem Bann befreit worden war durch ihr kluges Rößlein, das den rechten Befreier und Gemahl ihr zugetragen.

Der Schatz

Es war einmal ein armer Bauersmann, der im Frondienste auf dem Felde seines Gutsherrn pflügte. Plötzlich stieß er mit dem Pfluge so heftig gegen etwas, daß er stecken blieb. Er glaubte, daß es ein Stein sei, als er aber genauer nachsah, fand er, daß es ein großer Schrein voll alten Geldes war. Es war sowohl Silber- als Goldgeld, das man vor vielen hundert Jahren einmal in Kriegszeiten vergraben haben mochte.

Der Bauersmann stopfte seinen Futtersack mit dem Gelde voll und schleppte es mit sich nach Hause, denn er hielt sich so gut für berechtigt den Schatz zu behalten als irgend ein anderer. Der rechte Eigentümer mußte ja doch schon lange und vor vielen Vorfahren des jetzigen Gutsherrn gestorben sein. Trotzdem fürchtete er aber, daß ihm der Gutsherr das Geld nehmen würde, wenn er erführe, daß es auf seinem Feld gefunden sei. Deshalb erzählte er auch niemandem etwas davon, außer seiner Frau; diese bat er aber, es gegen jedermann zu verschweigen.

Aber sie konnte doch nicht reinen Mund halten und mußte es einigen guten Freundinnen mitteilen, wodurch sie zu ihrem Wohlstand gekommen seien. Allerdings bat sie jede einzelne, niemandem etwas davon zu sagen, aber die konnten es auch nicht bei sich behalten, bis schließlich das Gerücht von dem Schatz, der auf herrschaftlichem Felde gefunden wurde, dem Gutsherrn selbst zu Ohren kam.

Nachdem er es also vernommen hatte, ritt er zu dem Anwesen des Mannes, das einsam draußen auf der Heide lag, hin. Es war aber niemand außer der Frau daheim, denn der Mann war eben in die Stadt gefahren, um einiges Geld umwechseln zu lassen. Und als der Gutsherr die Frau ausfragte, so sagte sie ihm alles, was sie wußte, daß ihr Mann einen Haufen altes Geld draußen auf dem Feld gefunden habe, daß er aber jetzt nicht zu Hause sei und sie wüßte nicht, wo er das Geld hingetan. Daraufhin wollte es der Gutsherr für heute gut sein lassen und abwarten, bis er ein andermal beide antreffen und ins Gebet nehmen könnte.

Als der Bauersmann heimkam, erzählte ihm seine Frau wieder alles, er gab ihr zwar kein böses Wort für ihre Schwatzhaftigkeit, aber er hatte seine eigenen Gedanken dabei. Am nächsten Tage spannte er die Pferde vor den Wagen und bat seine Frau, mit ihm zu fahren, und so fuhren sie zusammen in die Stadt, ließen dort den Rest des alten Geldes einwechseln und legten daselbst ihr Geld gut an. Dann kaufte er ein Fuder Semmeln ein und füllte damit seinen Futtersack. Er traktierte seine Frau gut in der Stadt, und gegen Abend stiegen sie wieder auf den Wagen und fuhren ihrer Heimat zu.

Es war schon tief im Spätherbst und es regnete und der Wind blies heftig, als sie am dunklen Abend heimwärts fuhren. Aber die Frau hinten auf dem Sitz, die in der Stadt so gut traktiert worden, war fröhlich und guter Dinge und schlummerte den ganzen Weg. Als sie ein gutes Stück auf der Landstraße gefahren waren, wurde sie von einer Semmel, die ihr auf den Kopf, und wieder von einer, die ihr in den Schoß fiel, aufgeweckt, und sobald sie wieder am Einschlafen war, regnete es aufs neue Semmeln über sie. Und das kam daher, weil ihr Mann die Semmeln so in die Luft warf, daß sie auf sie fallen mußten.

»Aber Mann!« rief sie aus, »was ist denn das? Mir scheint es regnet gar Semmeln.« – »Ja«, sagte der Mann, »das tut es, es ist ein entsetzliches Wetter!« Dann kamen sie auch am Gutshof vorüber und gerade als sie daran vorbeifuhren, wurde die Frau von dem Geschrei eines Esels aufgeweckt. »Was war denn das wieder?« fragte sie und es war ihr schon ganz unbehaglich zu Mute. »Ja, darüber darf man eigentlich nicht reden«, antwortete der Mann, »wenn ich aber die Wahrheit sagen und nicht lügen soll, ist es der Teufel gewesen, welcher dem Gutsherrn einmal Geld geliehen und ihn nun plagt, weil er ihm die Zinsen nicht bezahlen will. Und er peitscht ihn, bis er heult.« – »Huh!« sagte die Frau schaudernd, »tummle dich, daß wir von da weiter kommen!« Da hieb der Mann mit der Peitsche auf die Pferde ein und sie kamen wohl und glücklich zu Hause an.

Als sie aber daheim waren, sagte der Mann: »Höre Weib, das waren schlimme Dinge, die ich heute in der Stadt hören mußte, der Feind ist in unser Land eingebrochen und noch heute nacht wird er hier sein. Darum mußt du dich im Kartoffelkeller verkriechen, damit du keinen Schaden erleidest, ich aber will hier bleiben und unser Eigentum so gut beschützen als ich kann.«

Auf diese Weise brachte er sie in den Keller hinunter, dann nahm er seine Büchse zur Hand, ging vor den Hof hinaus und rief und schoß – es waren zwar nur blinde Schüsse, die aber doch einen Heidenlärm machten. Und so machte er es die ganze Nacht hindurch, bis er gegen Morgen seine Frau aus dem Kartoffelkeller holte und zu ihr sagte: »Ja, ich hielt mich doch. Die meisten Feinde schoß ich über den Haufen und die übrigen ergriffen schließlich die Flucht und nahmen ihre toten Kameraden mit.« – »Nun, Gott sei Dank!« sagte die Frau, »es lief gut ab, aber ich habe die ganze Nacht eine schreckliche Angst ausgestanden!« Darauf legte sie sich ins Bett und schlief sich gehörig aus auf den Schrecken.

Einige Tage später kam der Gutsherr herausgeritten und traf zuerst den Mann vor dem Hause und fragte ihn: »Was ist es denn mit dem Schatz, den du auf meinem Feld gefunden hast?« Ja, davon wußte der Mann gar nichts. »Ah, papperlapapp!« rief der Gutsherr aus, »es hilft dir nichts, wenn du auch leugnest, denn deine Frau hat es ja schon selbst eingestanden – ich weiß alles aus ihrem eigenen Munde.« – »Ja«, antwortete der Mann und deutete auf die Stirn, »bei meiner Frau ist es manchmal da oben nicht recht richtig. Man kann ihr da nicht alles glauben, was sie sagt.«

Da rief der Gutsherr die Frau heraus und fragte, ob es nicht so sei, wie sie gestanden, daß ihr Mann auf dem Felde einen Haufen Geld gefunden habe. »Freilich, freilich«, antwortete die Frau, »und ich war selbst mit in der Stadt, als wir das Geld einwechselten.« – »Wann war das?« fragte der Gutsherr. »Ja, das war damals, als wir das entsetzliche Wetter hatten und wie es Semmeln herunterregnete.« »Ach, Unsinn, dummes Zeug!« rief der Gutsherr; »wann war das?« – »Ja, das war gerade am Tag vor der großen Schlacht, die da auf dem Felde stattfand, als der Feind ins Land eingebrochen war«, antwortete dann die Frau. »Was, Schlacht und Feinde?!« sagte der Gutsherr, »ich glaube, die Person ist verrückt. Wann war es, daß ihr in der Stadt gewesen seid, um das Geld wechseln zu lassen, frage ich?«

Da weinte die Frau, und so sehr sie sich dagegen sträuben mochte, es mußte ja heraus: »Es war am selben Tag«, sagte sie, »als Euch der Teufel am Abend plagte – und Euch aus dem Garten hinauspeitschte.« – »Was sagst du da?« schrie der Gutsherr, »dann soll dich der Teufel plagen und peitschen für den Unsinn, den du zusammenschwätzest!«

Damit peitschte er sie zur Türe hinein, schwang sich auf sein Pferd und ritt dann seiner Wege, und fragte von da an nie mehr nach dem Schatz. Aber der Bauersmann kaufte sich einen großen Hof in einer anderen Gegend und lebte dort glücklich und vergnügt mit seiner Frau. Sie verhalf ihm doch zu all seinem Glück, so wenig sie es selbst auch wußte.

Der erlöste Räuber

Ein armer Bauer, der tief in Schulden steckte, ging eines Abends in den Wald, um daselbst über sein Unglück nachzudenken und sich, falls sich kein Ausweg fände, an dem ersten besten Baume aufzuhängen. Trübe vor sich hinstarrend, schritt er vorwärts, als er plötzlich in eine tiefe Erdspalte fiel, die er vorher nicht gesehen hatte. Er ging nun in der Erdspalte weiter, bis er etwas Helles erblickte, das sich, je weiter er ging, desto mehr vergrößerte. Erstaunt trat er nun in eine Höhle ein, in deren Mitte ein großes Feuer flammte. An der Wand zur linken Seite saß ein alter Mann, reich in Samt und Seide gekleidet, der mit trüben Blicken in das Feuer schaute. Zu beiden Seiten um ihn herum lagen bleiche Knochen von toten Menschen. Als der Bauer herangetreten war, erhob sich der Greis und sagte: »Du bist der dreihundertste, der hierher gekommen ist. Nun höre, was ich dir erzählen werde. Ich war einer der reichsten Männer in meinem Vaterlande, und doch hatte ich noch nicht Geld genug; ich wollte der Reichste werden. Deshalb nahm ich meinen Untergebenen alles weg, was sie hatten, und dazu raubte ich noch, wo ich nur konnte. Einst ritt ich allein auf die Jagd. Da traf ich im Walde ein altes, häßliches Weib, das trug einen Beutel in der Hand. Ich fragte die Alte, was sie in dem Beutel habe, und sie antwortete mir, sie habe ihr Geld darin, das wolle sie vergraben, damit es vor Dieben sicher sei. Ich forderte ihr das Geld ab, und da sie es nicht freiwillig gab, wollte ich sie niederstechen. Doch in demselben Augenblick verwandelte sie sich in einen Vogel und flog auf den nächsten

Baum. Von dort rief sie mir höhnisch zu, ich habe schon Unglück genug angerichtet, und nun habe die Rachestunde geschlagen. Wenn du nach Hause reiten wirst, so fuhr sie dann fort, wirst du unter die Erde versinken und dort so lange bleiben, bis ein Mensch sich freiwillig erbietet, für dich zu sterben; dann erst sollst du zur Ruhe kommen. Dein Geld aber sollst du bei dir behalten. Und so geschah es denn auch: ich versank unter die Erde. Siehe, jenes Feuer dort besteht aus dem Gelde, das ich so sehr geliebt habe. Und nun frage ich dich, willst du dich für mich opfern?« Der Bauer überlegte sich die Sache nicht lange, sondern sprach: »Das Unglück hat mich so weit gebracht, daß ich nichts mehr auf Erden habe. Sage mir nur, was ich tun soll, um dich zu retten!« Darauf erwiderte der Greis: »Die Knochen, die um mich herumliegen, das sind die Gebeine derer, die jedes Jahr zu derselben Zeit sich hierher verirrten, die meine Schätze haben, aber mich nicht erlösen wollten. Zur Strafe für ihre Geldgier mußten sie sterben. Du bist der erste, der bereit gewesen ist, mich zu erlösen; ich danke dir dafür. Und nun stelle dich in die Mitte des Feuers, und wenn du wieder auf die Erde kommst, so gehört alles, was um dich herum ist, dir.« Der Bauer tat, wie ihm geheißen war, und trat in die Mitte des Feuers hinein. Langsam begannen nun seine Kleider Feuer zu fangen, doch er blieb unbeweglich stehen. Da, mit einem Male erloschen die Flammen, mit einem Krach öffnete sich über dem Bauern die Decke, und als dieser aufsah, da sah er den klaren Sternenhimmel über sich. Um ihn herum aber lag ein Haufen von Gold und Silber, das jetzt alles ihm gehörte. Er nahm es und ging freudig nach Hause. Jetzt war er einer der reichsten Männer in der ganzen Umgegend.

Die Strafe nach dem Tode

In der Schenke zu Hostonic erscholl großer Lärm. Es waren dort drei lustige Brüder beisammen. Sie zechten ohne Unterlaß schon den dritten Tag und hatten sich dadurch so in Flammen gesetzt, daß sie die Schranken der guten Sitte nicht mehr ehrten. Es wartete ihnen eine Magd auf, die unlängst Mutter eines Kindes geworden, von des Kindes Vater jedoch verlassen, und nun der ärgsten Not preisgegeben war. Sie mußte von ihnen manchen Spott hören, doch schwieg sie geduldig zu den rohen Reden; denn es waren freigebige Gäste, die sie stets mit einer kleinen Gabe in Geld bedachten, so oft sie aus dem Wirtshaus gingen. Als sie mit gefüllten Krügen wieder aus dem Keller kehrte, sprach einer aus dem Kleeblatt die schonungslosen Worte zu ihr: »Schneidest du schon die Leinwand auf Windeln für deinen Bankert zu?« Und die Magd schlug die Augen nieder und entgegnete: »Herr, mir wächst kein Flachs auf dem Felde. Ich weiß wahrlich nicht, wohin den armen Wurm zu legen.« Da erhob sich der zweite Zechbruder, ein leichtsinniger und ungläubiger Mensch, und sprach zu der Magd: »Ich will dir ein Geschenk zum Kindbett machen, das nicht gering sein soll; aber du mußt tun, was ich begehre.« – »Begehrt Ihr nichts, was über meine Kraft und wider mein Gewissen ist«, versetzte die Magd, erfreut durch den Schimmer der Hoffnung, »so will ich gern vollbringen, was Ihr mir auflegt.« – »Nichts dergleichen, die Sache ist leicht. Bring mir das Totengerippe, das vor der Pforte der hiesigen Kirche steht!« Als die Magd diese Worte vernahm, erbebte sie vor Entsetzen, und indem sie

bleich ward wie die Wand, entgegnete sie mit stockender Stimme: »Herr, treibt keinen so grausamen Scherz mit einer Unglücklichen, und versucht Gott nicht mit solchen Lästerungen!« Aber die zwei andern Zecher lobten jauchzend den Vorschlag, und ihre vollen Beutel hervorziehend, leerten sie deren Inhalt auf den Tisch, so daß blinkende Groschen und Taler herabfielen und weit durch die Stube rollten. »Ist das kein stattlich Angebind für dein Kindlein?« riefen die trunkenen Schwelger. Und der Dritte, der den Vorschlag gemacht hatte, legte seinen Beutel zu dem auf dem Tische ausgeschütteten Gelde und sprach: »Hier ist meine Beisteuer! Besinn' dich schnell, du wirst nicht immer Gelegenheit haben zu so leichtem Verdienste.« Der Anblick solchen Reichtums, wie sie ihn noch nie beisammen gesehen, berückte die arme Magd; der Gedanke, daß sie mit einer waghalsigen Tat sich aus ihrem Elend reißen könne, gab ihr Mut zu dem Unternehmen, und sie meinte, falls eine Sünde dabei sei, sich mit Gott zu versöhnen, wenn sie einen Teil des Lohns der Kirche opfere. Sie willigte also ein, doch nicht ohne langes Zögern, kniete vor dem Bilde des Gekreuzigten nieder, und gestärkt durch inbrünstiges Gebet, begab sie sich auf den gefahrvollen Weg.
Von jenem Totengerippe gingen in der Umgegend wunderliche Gerüchte. Es sollte einst ein Ritter gewesen sein, durch die Wildheit seines Wesens weit und breit bekannt. Er betrog ein edles Fräulein um Ehr und Tugend und verließ es dann, so daß es aus Gram darüber starb, eben als es die Frucht der Sünde unter dem Herzen trug. Das Fräulein lud ihn sterbend binnen Jahresfrist vor Gottes Gericht. Man begrub sie in der Kirche zu Hostonic in ihrer Familiengruft, zu welcher der Eingang sich gleich vor der Kirchenpforte befand. In einem Jahr starb der wilde Ritter und wurde auf dem Hostonicer Kirchhof bestattet. Zum Entsetzen der Gemeinde verließ er über Nacht sein Grab

und wurde stehend mit gefaltenen Händen beim Eingang zu der Gruft des Fräuleins gefunden. Es ging das Gerücht, daß auch das Fräulein keine Ruh im Grabe habe, sondern im Sarge sitze, bei einer Lampe in einem großen Buche lesend. Der Tote stand bei der Gruft, bis alles Fleisch von ihm abfiel, und er ein bloßes Gerippe war. Man begrub ihn einige Male von neuem mit allen kirchlichen Zeremonien, denn die Leute in der Umgebung scheuten sich vor seinem Anblick; allein des andern Tages war er wieder auf seinem alten Platze mit gefaltenen Händen vor der Gruft stehend. Es hieß, er flehe nach dem Tode das Fräulein um Verzeihung, und wenn er keine erhalte, müsse er so stehen bis zum jüngsten Tag. Die Leute gewöhnten sich später, an dem gespensterhaften Gerippe vorbei zur Kirche zu gehen und als Jahrhunderte verflossen waren, wurde der Vorfall in der Umgegend als eine bloße Sage erzählt, die mancher, besonders aus dem jungen Volke, ungläubig belachte. Zu diesen Ungläubigen gehörten auch jene drei lustigen Gesellen, die in ihrem Übermut die Magd aus dem Wirtshause nach dem Totengerippe geschickt hatten.
Als sie aus dem Hause trat, ward es bereits sehr dunkel; mit ängstlichem Schritte ging sie über den Dorfplatz zu der Kirche, die auf einer Anhöhe lag, und je näher sie kam, um so stärker klopfte ihr das Herz. Als sie den Hügel erstiegen und zum Kirchhofe schritt, ertönte vom Kirchturm das Abendglöcklein, die frommen Christen zum Gebete ladend. Die Magd bekreuzigte sich und sprach mit Andacht das Ave Maria. Als sie in den Kirchhof trat, war es schon finster geworden, und der bleiche Schimmer des aufgehenden Mondes beleuchtete geheimnisvoll die hölzernen Kreuze auf den Gräbern, von denen einige mit frischen Kränzen behängt waren. Die Schatten dieser Denkmäler irdischer Vergänglichkeit vereinigten sich an der Kirchenmauer zu sonderbaren Gestalten, und die Schatten der Wolken zogen über die Gräber wie Geister, die das

Abendgeläute herbeigerufen. Die Magd überlief ein Schauer, aber der trieb sie vorwärts, und schnell war sie über den Kirchhof weg bei der Hauptpforte der Kirche. Da stand das furchtbare Gerippe, zu dem großen Stein gekehrt, der den Eingang zur Gruft bedeckte, die Knochenhände gefaltet, und die Mondstrahlen spielten um sein Antlitz, so daß es der armen Magd schien, als ob sich die fleischlosen Kinnbacken murmelnd im Gebete bewegten. Die Magd begann vor Entsetzen zu zittern, und bald wäre sie zu Boden gestürzt, der Gedanke jedoch an den reichen Lohn verlieh ihr Mut; sie raffte alle Kraft zu der entscheidenden Tat zusammen, faßte das Totengerippe, nahm es auf den Rücken, und eilte so schnell sie konnte zu der Schenke. Das Gerippe rasselte bei jedem Schritt, und eh' es die Magd an Ort und Stelle brachte, war sie von Furcht und Angst so betäubt, daß sich ihr der Kopf drehte, und sie nur unwillkürlich lief, indem sie das Gerippe krampfhaft mit den Händen hielt. Endlich gelangte sie glücklich nach Hause, und in die Stube tretend, warf sie das Gerippe auf den Tisch, und sank selbst halbtot auf die Bank.
Mit stillem Schaudern betrachteten alle das Totengerippe, zugleich die kühne Tat der Magd bewundernd. Auch die drei Zecher stutzten, als sie die Knochen des Gerippes sahen; der Mut der Magd überraschte sie, denn sie hatten erwartet, sie werde unverrichteter Sache zurückkehren, und schon hatten sie sich bereit gemacht, sie herb zu verspotten. Jener, von dem der Vorschlag ausgegangen, unterbrach das Schweigen zuerst und sprach: »In der Tat, das Mädchen hat sich ihren Lohn ehrlich verdient! Sie soll sich ihn nehmen und sich zu uns setzen.« Indes kam die Magd zu sich, und die drei Zecher riefen sie zu ihrem Tisch, lobten ihre Entschlossenheit und übergaben ihr den versprochenen Lohn. Es fragte sie der kecke Geselle, der sie zu der Tat aufgefordert, wie es ihr ergangen sei, und ob sich der Knochenmann gesträubt habe. Die Magd, noch blaß von

der ausgestandenen Furcht, entgegnete: »Gott ließ nichts Schlimmes über mich kommen, außer daß es mir, als ich das Gerippe trug, schien, es verfolge mich jemand. Nicht um teures Geld wollt' ich Gott den Herrn zum zweiten Mal versuchen!« – »Aber was jetzt mit dem Knochenmann tun?« rief einer der lustigen Brüder. »Mag sie ihn wieder hintragen, woher sie ihn genommen«, sagte der erste, »und ihn auf seinen früheren Platz stellen!« Und die Magd, erbebend bei dem Gedanken, daß sie den gräßlichen Gang noch einmal machen solle, versetzte: »Das war nicht unsere Abrede, Herr! Ich hab' gehalten, was ich versprochen, und Ihr selbst habt gesagt, daß ich meinen Lohn treulich verdient.« – »Das hast du«, entgegnete der Leichtsinnige, »aber was soll das Totengerippe bei unserem fröhlichen Gelag? Wir haben keine Zeit, an den Tod zu denken, und Muße genug, unsere Sünden abzubüßen. Du kannst dir noch mehr Geld erwerben, wenn du den scheußlichen Gast hinwegträgst.« Da sprach die Magd: »O, Herr, erwägt, daß es eine Sünde ist, andere in Versuchung zu führen. Ich hab' geschworen, um eitles Geld Gott niemehr zu versuchen.« – »So versprech' ich dir denn, mich deines Kindes anzunehmen, bis daß es ganz versorgt ist, und sterb ich früher, so will ich's in meinem Testament bedenken, damit auch nach meinem Tode meine Zusage sich erfülle. Die Anwesenden hier sind Zeugen meines Versprechens.« Die Magd betrachtete den Redenden mit Schaudern, und als er geendet, zeigte sich auf ihrem Antlitz ein Kampf widerstreitender Gefühle. Die Augen zum Himmel erhebend, sprach sie für sich mit leiser Stimme: »Herr dort oben, gib mir ein, was ich tun soll!« Dann faltete sie die Hände und schien fortzubeten, bis sie sich plötzlich erhob. »Es sei«, sagte sie zu dem Versucher, »es gescheh' mit mir nach Gottes Willen! Aber Euer ist meine Sünde, Ihr verantwortet sie!« Und entschlossen trat sie zum Tische, wo das Gerippe ausgebreitet lag, faßte das Gebein, lud es auf den Rücken und schritt aus der Schenke. Die Blicke aller Anwesenden begleiteten sie, niemand jedoch ging hinter ihr aus dem Hause.

Was der Magd frischen Mut gab, etwas so Gewagtes von Neuem zu unternehmen, war ein Gelübde, das sie, Gott in ihrer Angst um Rat flehend, bei sich getan. Sie gelobte nämlich, falls sie den gefährlichen Weg glücklich zurücklege, ihr Kind der Kirche zu weihen. Dieser Gedanke, der ihr in dem Augenblicke kam, als sie sich entscheiden sollte, schien eine Eingebung Gottes, daher sie auch einwilligte, und sich mit dem Totengerippe auf den Weg machte. Sie schritt durch das Dorf, und das Gerippe rasselte schauerlich auf ihrem Rücken; doch daran hatte sie sich bereits gewöhnt, und beachtete es nicht. Als sie sich aber dem Hügel nahete, auf dem die Kirche stand, wurde die Last immer schwerer und schwerer. Anfangs kehrte sie sich nicht daran, und sie eilte fast gedankenlos vorwärts. Jetzt jedoch, als sie zum Tor des Kirchhofs kam, riß sie das wachsende Gewicht aus ihrer Gleichgültigkeit; es war ihr, als ob sie einen Zentner auf dem Rücken trüge, und bei jedem Schritt nahm die Schwere zu. Schauder ergriff die Magd, unermeßliche Angst beklemmte ihren Busen, fast sank sie nieder unter der Bürde. Das Totengerippe drückt sie zu Boden; doch sie schleppt sich mit ihren letzten Kräften bis zur Kirchenpforte, wo es rechts vor der Gruft mit gefaltenen Händen zu stehen pflegte, und schon will sie es abwerfen und an den gewöhnlichen Platz zur Mauer stellen, da fühlt sie mit Entsetzen, daß sich die Knochenhände regen, sie umschlingen und fest am Halse fassen. Zugleich vernimmt sie hinter sich eine Grabesstimme: »Ich lasse dich nicht früher, als bis du für mich Verzeihung erflehst bei dem Fräulein im Grabe. Geh' in die Gruft und bitt' für mich!« Der armen Magd sträubten sich die Haare, kalter Schweiß bedeckte ihre Stirn, sie zitterte am ganzen Leibe, als sie die furchtbaren Worte hörte,

und vor Angst vermochte sie keine Silbe hervorzubringen. »Willst du tun nach meinem Willen?« tönt die Stimme des Knochenmanns wieder. »Ich will«, versetzt die Magd in ihrer Todesangst. Die kalten Glieder ließen sie los, die Bürde fiel von ihrem Rücken; halbverwirrt sah sie sich um, und vor ihr stand das Gerippe. Auf sein Antlitz blikkend, gewahrt sie, daß das fleischlose Gesicht neues Leben gewonnen hat, die Kinnbacken bewegen sich und die vorige Stimme tönt wieder zu ihr: »Heb' den Stein von der Gruft, und geh auf den Stufen hinab! Dort wirst du eine Frau finden in schwarzem Gewand, die im Grabe sitzt und beim Lampenlicht in einem Buche liest. Wende dich an sie, mit der Bitte, daß sie mir verzeihe, denn nicht eher kann ich Gnade bei Gott erlangen.«
Die Magd tat nach den Worten des Gerippes und faßte den Gruftstein bei seinem Ringe; wie ein leichtes Brett hob sie ihn auf und legte ihn beiseite. Unter ihr öffnete sich ein langer, finsterer Gang; nur an seinem Ende war ein schwacher Lichtschein zu gewahren. Die Magd stieg auf den steinernen Stufen hinab, ein leiser Windhauch wehte ihr entgegen; doch war's nicht Grabesluft, sondern frische Luft, die ihre brennenden Wangen kühlte. Als sie von der letzten Stufe gestiegen war, befand sie sich in einem weiten, nur matt erleuchteten Gewölbe. Ringsumher, auf marmornen Steinen ruhte eine Menge von Särgen, in der Mitte aber, woher der Lichtschein kam, war ein Sarg geöffnet. In ihm saß eine bleiche Frau in schwarzem Gewand; das Haupt hatte sie auf die Hand gestützt, auf dem Haupte trug sie einen Kranz von dunklen Rosen, und in ihrem Schoße lag ein großes Buch aufgeschlagen, worin sie vertieft zu lesen schien, beim Licht der von der Decke hängenden Lampe. Die Magd naht der Frau mit unsicherem Schritte, und sich vor ihr auf die Knie werfend, bittet sie um Gnade für den Ritter. Die bleiche Frau erhebt nicht einmal die Augen vom Buche, sondern schüttelt nur das

Haupt. Die Magd bittet und fleht lange, die Frau antwortet nicht. Die Magd beschwört sie bei allen Heiligen und Gottes Barmherzigkeit: die Frau blickt nicht empor, sondern schüttelt nur das Haupt. In Verzweiflung erhebt sich die Magd und geht mit schwerem Herzen über die dunklen Stufen aus der Gruft.

Da steht das Gerippe; auf dem fleischlosen Antlitz liegt der Ausdruck ängstlicher Erwartung, und es fragt die Magd: »Hat sie mir verziehen?« – »Sie hat dir nicht verziehen«, entgegnet die Magd mit halb vernehmlicher Stimme. »So kehr' zurück und hör' nicht auf zu bitten, bis daß du sie erweichest!« Die Magd will reden, der Knochenmann weist strenge mit der Hand auf die Gruft, und die Magd muß dem Befehle sich unterziehen. Von neuem steigt sie hinab. Die bleiche Frau im schwarzen Gewand sitzt da und liest im Buche, der Kranz jedoch auf ihrem Haupte beginnt von roten Rosen zu erblühen. Die Magd wirft sich vor der Frau auf die Knie, fleht und ringt die Hände; die Frau blickt nicht vom Buch empor, sondern schüttelt nur das Haupt. Die Magd hört nicht auf zu bitten, und beschwört sie bei den Wunden des Erlösers, doch vermag sie die bleiche Frau nicht zu erweichen. Die Arme windet sich auf dem Boden und läßt nicht ab zu flehen; eine Stunde verrinnt, sie kniet noch immer vor der Unerbittlichen, die ihre Augen nicht vom Buche wendet, und bloß mit dem Haupte zu erkennen gibt, daß sie nicht versöhnt sei. Mit gebrochenem Mute steigt die Magd aus der Gruft, und das Gerippe fragt sie, wie zuvor, ob ihm verziehen sei. »Die Frau ist unerbittlich«, versetzte die Magd mit leiser Stimme. – »So kehr' noch einmal zurück!« ertönte die Grabesstimme des Knochenmanns. »Ohne dich kann ich nicht Verzeihung erhalten. Erwirkst nicht du mir Gnade, so bleib' ich verwünscht bis zum Jüngsten Tag. Geh' schnell, und kehr' vor dem Hahnenruf wieder; denn Mitternacht ist längst vorbei.« Die Magd darf sich nicht weigern und wankt noch einmal auf den dunkeln Stufen in die Gruft.

Unten war's noch wie zuvor; rings auf marmornen Steinen die Särge, und in der Mitte die bleiche Frau, die im Buche las; allein der Kranz auf ihrem Haupt erglänzte schon von lauter weißen Rosen. Die Magd kniet nieder vor der bleichen Frau und fleht inständig; die Frau antwortet nicht, sondern schüttelt nur das Haupt. Da beschwört sie die Magd in der Angst ihres Herzens, und fleht zu ihr im Namen des unschuldigen Kindes, das sie geboren; und die Frau blickt empor, ihr Antlitz strahlt wie im Himmelsglanz, und ihr Mund spricht mit lieblichem Ton die Worte: »Um deines Kindes willen sei verziehen!« Hierauf schließt sie das große Buch und sinkt in den Sarg zurück; der Deckel schließt sich, die Lampe lischt aus und das weite Gewölbe erfüllt ein süßer Duft, wie von frischen Rosen. Die Magd blickt umher in dem finstern Gewölbe, und von oben wirft der Mond seine blassen Strahlen herein. Mit freudigem Herzen eilt die Magd von dannen dem Lichte nach, und gelangt glücklich aus der Gruft.

Der Knochenmann fragt wie früher, ob ihm die Frau verziehen, und es spricht die Magd: »Sie hat dir verziehen um des unschuldigen Kindes willen, das ich geboren.« Da spricht der Knochenmann, dessen scheußliche Züge ihre Furchtbarkeit verlieren, mit sanfter Stimme: »Gepriesen sei der Herr in seiner Barmherzigkeit! Ruhm und Ehre Gott in den Höhen! Du hast wohlgetan, daß du im Namen deines Kindes batest; denn weil ich im Leben mit einem Kinde kein Erbarmen fühlte, tat der Richter im Himmel den Ausspruch, daß nur ein solches mir Verzeihung erflehen könne. Geh' ungefährdet nach Hause und preise den Herrn!« Da erscholl im nahen Hofe der Hahnenruf, und die Magd, von keiner Furcht mehr gequält, erreichte glücklich das Haus.

Des andern Tags fand man vor der Gruft anstatt des Totengerippes ein Häuflein Staub; denn der Knochenmann zerfiel beim ersten Hahnenruf, als das über ihn gefällte Urteil erfüllt war. Man stieg in die Gruft, und auf dem Sarge, der sich von selbst über der bleichen Frau geschlossen, fand man einen Kranz von weißen Rosen. Die drei Zechbrüder besserten sich von dieser Zeit an, glaubend an Gottes Macht, und beschenkten die Magd reichlich sowie ihr Kind, das, ein liebliches Knäblein, in der Furcht Gottes aufwuchs, später in den geistlichen Stand trat und sich durch einen frommen Lebenswandel auszeichnete.

Der Räuber Matthes

Vor vielen Jahren wollte einmal ein Fuhrmann die große Steige bei Haigerloch im Hechinger Ländchen mit einem schwer beladenen Fuhrwagen hinauffahren; da stand plötzlich das ganze Fuhrwerk still als ob's verhext wäre und kein Pferd wollte mehr anziehen. Der Fuhrmann versuchte es nun erst mit der Peitsche und schlug auf die Pferde los, um sie anzutreiben; aber es war umsonst. Dann betete er still; aber auch das half nichts. Endlich ward er zornig und fing an zu wettern und zu fluchen, so arg er's nur konnte. Darauf trat ein buckeliger Jäger zu ihm hin und fragte: »Was gibst du mir, wenn ich dir helfe?« – »Laß mal hören, was du verlangst!« sprach der Bauer. Da sagte der Jäger: »Du mußt mir etwas versprechen, was du daheim besitzest, ohne es zu wissen.«

Nun besann sich der Fuhrmann eine Weile und dachte: »Alles, was Wert hat in meinem Hause, das kenne ich ja; kenn ich etwas aber nicht, so hat's auch keinen Wert für mich«, und dann sprach er zu dem Jäger: »Du magst es meinetwegen nehmen; hilf mir jetzt nur, daß ich weiterfahren kann.« Da ließ sich der Jäger mit einem Blutstropfen diese Zusage verschreiben, und dann konnten die Pferde ganz bequem den Wagen hinaufziehen.

Als der Bauer nun wissen wollte, was der Jäger gemeint hatte, so sprach er: »Deine Frau trägt ein Kindlein unter ihrem Herzen, davon du noch nichts weißt, und wenn das geboren ist, so gehört's mein.« Da wurde der Bauer sehr traurig und verlangte die Unterschrift zurück; aber der Jäger lachte und machte, daß er fortkam.

Seit der Zeit hatte der Bauer keine ruhige Stunde mehr in seinem Hause; er seufzte und weinte, mochte weder essen noch trinken und konnte bei Nacht kein Auge zutun. Da drang seine Frau solange in ihn, bis er ihr endlich alles gestand und sagte, daß er das Kind, das sie bekommen werde, dem Teufel versprochen und verschrieben habe.

Da betete die Frau bei Tag und Nacht und weinte und jammerte; und als die Zeit nahe kam, wo sie ihr Kind gebären sollte, ging sie zu einem geistlichen Herrn ins Kloster und klagte dem ihre Not. Da behielt der Geistliche die Frau im Kloster und tröstete sie; und als sie hier einen Sohn geboren hatte, weihte sie ihn dem Dienste Gottes und seiner Kirche und ließ ihn zurück in dem Kloster.

Hier wurde der Knabe nun früh zu allem Guten angehalten, und war so fromm und brav, daß der Böse keine Gewalt über ihn hatte. Als er fünf Jahre alt war, lehrte man ihn ein Gebet, das mußte er alle Tage in der Kapelle der heiligen Jungfrau hersagen; und als er eben sein zehntes Jahr erreicht hatte, erschien ihm Maria und sprach zu ihm: »In zwei Jahren will ich dir einen Stab geben, mit dem mußt du in die Hölle wandern und deinen Namen, der einem bösen Geiste verschrieben ist, zurückfordern.«

Nach dieser Zeit erschien ihm Maria noch öfters in der Kapelle und gab ihm gute Lehren und offenbarte ihm mancherlei. Und als die zwei Jahr herum waren, brachte sie ihm den Stab, mit dem er seinen Namen aus der Hölle holen sollte und beschrieb ihm genau alle Wege und Stege, die er zu gehen hatte, und sagte ihm, wie er mit dem Stabe an die drei Höllentore klopfen müsse, und wie sie dann vor ihm aufspringen würden, und wie er die Unterschrift seines Vaters von dem obersten der Teufel sich herausgeben lassen sollte. Das alles merkte sich der Knabe wohl und trat guten Mutes seine Reise an.

Wie er nun mutterseelenallein durch einen großen Wald ging, kam er zu einem Baume, der hing ganz voll von blutroten Äpfeln, und daneben kniete ein alter Mann auf dem Stumpfe eines abgehauenen Baumes und rief den Knaben an, und sprach zu ihm: »Wohin, mein Sohn?« Sprach der Knabe: »Zur Hölle, um meinen Namen zurückzufordern.« Sprach der Kniende: »Ach, ich warte schon lange darauf, daß jemand zu mir kommt; vergiß doch nicht, dich in der Hölle nach dem Bett des Räubers Matthes zu erkundigen, und gib mir auf dem Rückwege Nachricht, was du davon erfahren hast!« Das versprach ihm der Knabe und zog weiter und kam an das erste eiserne Höllentor und klopfte mit seinem Stabe an dasselbe, daß es von selbst aufsprang. Da trat Luzifer, der oberste der bösen Geister, hervor und fragte den Knaben, was er wolle? Und als der Knabe ihm sein Begehren gesagt, pfiff Luzifer, und alsbald erschien ein großer Haufen schwarzer Männlein, die fragte er, ob einer unter ihnen sei, der den Namen des Knaben habe? Nein, da war keiner, der ihn hatte.

Da zog der Knabe weiter bis an ein zweites Höllentor, klopfte mit seinem Stabe an, daß es von selbst aufsprang, und alsbald erschien auch Luzifer hier und fragte ihn, was er wolle? Und nachdem er es ihm gesagt, pfiff Luzifer abermals einen Haufen schwarzer Männlein zusammen und erkundigte sich nach dem Namen des Knaben; aber auch hier hatte ihn keiner.

So mußte er zum dritten Höllentor eingehen, und nachdem Luzifer hier einen dritten Haufen armer Teufel herbeigepfiffen und befragt hatte, fand sich einer darunter, ein buckliger Jäger, der hatte die Handschrift mit dem Namen des Knaben. Da befahl ihm Luzifer, die Handschrift herauszugeben; er aber sprach: »Es soll mich eher eine Kröte fressen, eh' ich das tue.« Da drohte ihm Luzifer und sagte: »Gibst du nicht auf der Stelle den Namen heraus, so wirst du in das Bett gelegt, das für den Räuber Matthes dasteht!« Und dabei zeigte er auf ein leeres Bett, das bestand aus nichts als aus Feuer und Flammen. Da gab der bucklige

Jäger schnell die Unterschrift her, und als er die hatte, trat der Knabe unversehrt seine Rückreise an.
Unterwegs kam er auch wieder in den Wald und zu dem Baume, wo er den knienden Mann auf der Hinreise gesehen hatte und traf ihn noch ebenso dort an. Sowie der Greis den Jüngling erblickte, rief er ihm entgegen: »Hast du das Bett des Räubers Matthes gesehen?« – »Ja«, sprach der Knabe, »ich habe es gesehn und mich entsetzt; das Bett war lauter Feuer und eine Flamme schlug über der andern empor.« – »Das wird mein Bett einmal werden!« seufzte der Greis. Der Jüngling aber sagte hierauf, Maria habe ihm in der Kapelle geoffenbart, daß sogar der Räuber Matthes nicht verloren sein werde, wenn er ein aufrichtiges Bekenntnis ablege. Dann versprach ihm der Jüngling, daß er wieder zu ihm kommen wolle, sobald er Priester geworden sei. Das dauerte aber noch zwölf Jahre.
Nach dieser Zeit, als der junge Mann zum Priester geweiht war, machte er sich auf den Weg zu dem Greise, und traf ihn noch ebenso wie vor zwölf Jahren neben dem Apfelbaume auf einem abgehauenen Stumpf kniend, und forderte ihn auf, seine Sünden zu beichten. Da sprach der greise Räuber mit zitternder Stimme: »Soviel blutrote Äpfel auf dem Baume da sind, soviel himmelschreiende Mordtaten hab' ich begangen. Gott sei mir armem Sünder gnädig!« Dann verhieß ihm der Priester, weil er so tiefe Reue zeigte, im Namen Gottes Vergebung, und nachdem er das heilige Abendmahl genossen, sank er plötzlich zu einem rauchenden Aschenhaufen zusammen; aus der Asche aber stieg eine weiße Taube empor und flog gen Himmel, und das war die erlöste Seele des Räubers Matthes.

Nachwort

Gewalt und Grausamkeit haben in den Märchen ihren festen Platz, dennoch sind es keine Kriminalfälle, die da gewöhnlich erzählt werden. Die Brutalität, mit der der Wolf gegen die sechs Geißlein vorgeht, ist mit den Kategorien des Rechtswesens nicht zu beschreiben; ebensowenig, wie die Rache der Geiß die Frage nach der Berechtigung von Selbstjustiz provoziert. Die Gewalt in den Märchen ist in der Regel nicht Ausdruck krimineller Energie, vielmehr ist sie symbolisch zu lesen. Die Gewalt versinnlicht, mit welcher Härte zwei Welten sich gegeneinander abgrenzen, die beide Geltung beanspruchen. Es ist der Kampf der enträtselten, humanen und domestizierten Welt mit der rätselhaft bedrohenden, animalischen und wilden: »Das Märchen gibt uns Kunde von den frühesten Veranstaltungen, die die Menschheit getroffen hat, um den Alp, den der Mythos auf ihre Brust gelegt hatte, abzuschütteln«, schrieb Walter Benjamin. »Es zeigt uns in der Gestalt dessen, der auszog, das Fürchten zu lernen, daß die Dinge durchschaubar sind, vor denen wir Furcht haben; es zeigt uns in der Gestalt des Klugen, daß die Fragen, die der Mythos stellt, einfältig sind, wie die Fragen der Sphinx es sind; es zeigt uns in der Gestalt der Tiere, die dem Menschenkinde zur Hilfe kommen, daß die Natur sich nicht nur dem Mythos verpflichtet, sondern viel lieber um den Menschen geschart weiß. Das Ratsamste, so hat das Märchen vor Zeiten die Menschheit gelehrt, und so lehrt es noch heute die Kinder, ist, den Gewalten der mythischen Welt mit List und mit Übermut zu begegnen.« Diese Begegnung ist, wie die sieben Geißlein erfahren müssen, schmerzhaft, grausam und gefährlich, aber nicht kriminell.

Und doch gibt es Märchen, die sich auf sehr eigene Weise nicht nur der Wirklichkeit, sondern dem Mörderischen und Pathologischen dieser Wirklichkeit zugewandt haben. Sie erzählen in der Märchensprache, aber wenn man sie geschickt befragt, erzählen sie noch mehr. Sie sprechen dann fast Juristendeutsch. So untersuchte zum Beispiel Klaus Lüderssen, Professor für Strafrecht, am Märchen ›Hans im Glück‹, »wie es passiert, daß jemand betrogen wird, und was für Menschen es sind, die in diese Vorgänge verstrickt werden, unter welchen Bedingungen sie so und nicht anders handeln.« Das Märchen liefert so der Victimologie, also jenem Teil der Kriminalwissenschaft, der die Beziehungen zwischen Täter und Opfer untersucht, reichlich Material und Einsichten, die die Wirklichkeit verstellt. Ob das Märchen ›Hans im Glück‹ ein gut gewähltes Beispiel für diese Absicht ist, mag dahingestellt bleiben. Die Art des Fragens aber und die Antworten, die Lüderssen erhielt, verweisen aus dem Märchenland in die Wirklichkeit.
So lassen sich zahlreiche Märchen finden, die ausdrücklich von kriminellen Handlungen, verbrecherischen Machenschaften, Schuld und Sühne, von dem Hirsedieb und der blutigen Ernte, von der ewigen Ruhe oder dem großen Schlaf erzählen. Eine kleine Auswahl dieser Märchen versammelt dieser Band.
Es sind Texte, in denen das Böse nicht mythisch als Wolf, sondern bestenfalls sagenhaft als Werwolf, zumeist aber ganz konkret als Dieb, Einbrecher, Räuber und Mörder die braven Menschen bedroht. Diese Märchen erzählen davon, wie man mit Übeltätern umzugehen pflegte, sie erzählen von Häschern und Richtern, von Henkern und

Unbekannter Künstler (1535),
Im Spinnennetz des Gerichts

Menschenschindern, und so lassen sich die Märchen lesen als Dokumente des Rechtswesens aus einer anderen Zeit. »Die Schergen kommen alsbald«, heißt es in ›Der Raben Zeugschaft‹, »nehmen die beiden in Haft, sondern sie voneinander ab, und der Bannrichter verhört sie. Die zwei treffen zusammen, verreden sich, so daß man sie der Folter übergibt und die Wahrheit herauszwingt. Schließlich werden sie lebendig gerädert.« So hat man bis zur Abschaffung der Folter (in Preußen z. B. 1740; in Österreich 1776) prozediert.

Ob ein Täter an den Schwanz eines Pferdes gebunden zu Tode geschleift oder ob ein Gericht einem Verurteilten »zur Strafe die Haut abzog und an eine Eiche hängt«: Diese Strafen, von denen erzählt wird, sind keine für's Märchen typische und nur bildhaft zu verstehende Grausamkeiten, die vielleicht kompensatorisch wirken, sondern sie sind zu einem großen Teil historisch verbürgte Grausamkeit: fast möchte man sagen, sie waren normal. Zumindest aber waren sie üblich. Diese Grausamkeiten dienten der Abschreckung, von der man im Mittelalter allein glaubte, daß sie Verbrechen verhindere. Die Märchen

Erhard Schoen (1534),
Exekution eines Mörders in Regensburg

bestätigen, was aktenkundig ist: »Wegen Diebstahls soll man hängen, wegen heimlichen Mords schleifen und radbrechen, wegen Totschlags enthaupten, wegen Kirchendiebstahls und Mordbrennens verbrennen, wegen Fälschens im Kessel versieden, wegen Notzucht schleifen und pfählen, wegen Raubes enthaupten, wegen Gattenmorden der Frau lebendig begraben, wegen Gattenmordes des Mannes schleifen, dreimal mit glühenden Zangen am Kopfe reißen und dann radbrechen.« Diese Aufzählung der gebräuchlichsten Todesstrafen aus dem Stadtrecht von Altdorf bei Nürnberg ist lange nicht vollständig, die Märchen fügen dem Material weiteres hinzu.
Im Grund war die Rechtspflege des Mittelalters dem Verbrechen (nicht dem Verbrecher!) gegenüber ohnmächtig, weil die Angst und die Vorverurteilung des Verbrechers als verfehltem Menschen analytischen Zugriff oder empirisches Begreifen nicht zuließen. So stellte man eigens Stadtknechte ein, die auf Verdacht hin ergriffen, was man Gesindel nannte: Fahrendes Volk, Unbekannte mithin. Ein schlechter Leumund reichte, um ergriffen, befragt oder gefoltert zu werden. Das Unbekannte war das Bedro-

hende. Die Märchen spielen mit dieser Angst vor dem Fremden und vor den schrecklichen Strafen.
Zur moralischen Empörung dem finsteren Mittelalter gegenüber wie aber auch zum wohligen Gruseln ist allerdings überhaupt kein Anlaß. Die in den Märchen geschilderte Grausamkeit ist auch die unserer Zeit. Den Schindern von damals – man nannte die Henkersknechte so, weil sie unter anderem den Verurteilten die Haut in Streifen schnitten – stehen die heutigen nicht nach. So helfen die Märchen dabei, zu erklären, warum die Grausamkeit längst nicht domestiziert, sondern höchstens kultiviert wurde. Diese Aktualität ist mitzudenken, wenn wir von der grausamen Rechtsprechung in den Märchen lesen. »Ohne Zweifel ist das deutsche Märchen eine unverfälschte Quelle deutscher rechtlicher Volksüberzeugung, und ursprünglich entsprachen sich Volksüberzeugung und Rechtssprechung. Die alte Volksüberzeugung auf rechtlichem Gebiet lebt heute noch. (...) Die Rechtsvorstellung des Märchens wirkt wiederum auf die heutigen Menschen ein, so besonders auf die Kinder, die das Märchen für wahr halten.« Das schrieb Otto Ludwig in seiner Studie über *Richter und Gericht im deutschen Märchen*, die 1935 veröffentlicht wurde.

»Meine Lieblingslektüre sind die Märchen der Brüder Grimm. Jede Geschichte darin ist eine ausgezeichnete Quelle für mich.« Das meint Eric Ambler, der »beste aller Thrillerautoren«, wie Graham Greene urteilt. Der Hinweis Amblers ist ernst zu nehmen, behauptet er doch, was die offizielle Literaturgeschichtsschreibung nur schwer wahrhaben will: Das Märchen enthält alle Formen der Kriminalgeschichte. Und dies nicht durch Zufall. Daß jemand aus Spuren und Fährten mittels Kombination ungeklärte Verbrechen aufdeckt, fällt nicht erst unserer Zeit ein. »Es ist die ratio selber, die zu den Wunschbildern des alten Märchens hinführt« (Ernst Bloch), und in der Tat sind es die klassischen Motive der Märchen, die sich in den Aufklärungen der Geschichte und der Kriminalgeschichten wiederfinden. So belegen die vorliegenden Märchen materialreich, daß ihre Maxime war, sich des eigenen Verstandes zu bedienen und dem Augenschein nicht zu trauen. Alle Märchen erzählen davon, daß »die Dinge durchschaubar«, daß die Rätsel zu lösen und die Gefahren zu meistern sind.

Der »Zauber war gelöst«, heißt es am Ende vom ›Hirsedieb‹. In diesem Märchen geht es um den Diebstahl von Hirse und darum, »den Dieb zu fangen und dann nachdrücklich zu strafen oder dem Gericht zu übergeben... Welcher den Dieb fängt, soll... eine stattliche Belohnung bekommen.« Aber wie soll man den Fall lösen? Mit »etlichen geladenen Pistolen und einem scharfen Säbel«, einem »Knittel und starken Stricken«? Dadurch, daß man sich mit Essen und Trinken versorgt und hinter einem Busch versteckt auf die Lauer legt? Diese vitalen Methoden schlagen fehl. Die zwei Brüder, Möchtegern-Aufklärer, schlafen ein. Da geht dem dritten Bruder, Johannes, ein Licht auf: er setzt sich auf Dornen, was ihn am Einschlafen hindert. So zeigt Johannes am Einzelfall, wie man alle Fälle zukünftig bewältigen kann: indem man seine unmittelbaren Bedürfnisse (Hunger, Müdigkeit) aufschiebt, um seine wahren Bedürfnisse (die Aufklärung des Falles) zu befriedigen. Aufklärung heißt demnach, die Triebe durch Vernunft zu überlisten, um sie im Nachhinein besser befriedigen zu können: »Johannes aber sahen sie nicht wieder, denn er lebte glücklich und allen Erdensorgen entrückt.«

Alle Märchen, in denen etwas aufgeklärt, aufgelöst oder enträtselt wird, zeigen Formen dieser Vernunft, so auch das Märchen ›Die zertanzten Schuhe‹. Obwohl die Türen verschlossen sind, gelingt es den Königstöchtern, nächtens ihr Schlafzimmer zu verlassen. Die Art, in der der alte Soldat das Geheimnis des verschlossenen Zimmers »ausfindig« macht, ist äußerst vernünftig. Er trinkt den angebotenen Schlaftrunk nicht, überwindet sein Schlafbedürfnis, verstellt sich und schleicht den Königstöchtern in einem Tarnmantel nach, der ein Bild für das ist, was die empirische Sozialforschung »nichtteilnehmende Beobachtung« nennt. Es ist die Einsicht, daß der, der beobachten will, durch seine Anwesenheit das, was er beobachten will, nicht beeinflussen darf. So verstecken die Märchen allenthalben Begriffe in Bildern oder Symbolen. Die Tiere, Maus, Affe und Bär, die dem »Birmanssohn« bei der Aufklärung helfen, sind Symbole für List, Klugheit und Kraft. Wichtig ist es für den Aufklärer, und dies vor allem, zwischen Sein und Schein zu trennen. Der Animismus, das Zeitalter der Zauberei, dachte noch Zeichen und Bedeutung, Erscheinung und Wesen identisch. Die Märchen nun lehren, nicht dem Augenschein zu trauen. Das Offensichtlichste ist das Unwahre. Das Sichtbare muß durchschaut werden. Die Wahrheit kann man nicht sehen, sondern nur einsehen. Dem aufgeklärten Auge ist deshalb nichts das, was es zu sein scheint. Die Verstellungskünste der Meisterspione in den Märchen sind also nicht moralischer Defekt, sondern metaphysische Einsicht. Nur die im Animismus Zurückgebliebenen, die Dummen und die Naiven glauben dem, was man sieht. Die Strafe, das mußten eben die sieben Geißlein erfahren, folgt dieser Naivität auf dem weißgefärbten Wolfsfuß.

Die Aufklärer in den Märchen lösen allerdings mehr als nur einen Fall: Sie lösen alle Rätsel dieser Welt: »Da wollte ihn die alte Hexe nicht unbeschenkt ziehen lassen und gab ihm einen Mantel, der ihn unsichtbar machte, so oft er ihn umhing, einen Ring, der ihn allwissend machte, wenn er ihn an den Finger steckte, und eine Wurzel, vor der alle Türen aufsprangen.« Das Märchen vom ›König vom Papierland und vom Kummerland‹ sagt es ganz deutlich: Wem alle Türen offenstehen, wer überall ungesehen anwesend ist, der ist allwissend. Allgegenwärtig und allwissend, so dachte man, kann nur Gott sein. Das Märchen zeigt, daß die menschliche Vernunft gottähnliche Macht verleiht. Und so ist das Königreich, das der Märchenprinz nach Abschluß seiner aufklärenden Heldentaten erhält, nicht nur von dieser Welt. Es ist das Reich der Vernunft, das er nun beherrscht.

Aber dieses Reich beherrscht auch sein Widerpart, der Meisterdieb. Denn auch er kann und weiß alles. Vor ihm ist nichts sicher, für ihn ist keine Tür verschlossen und kein Ding unmöglich. Deshalb ist er auch nicht zu fassen. Am Ende bleibt der Meisterdieb stets der Sieger – nicht nur der tatsächliche, sondern auch der moralische. Denn er hat gezeigt, wie es zugeht auf der Welt. Diese Einsicht aber ist Gold wert. ›Der kluge Martin‹, ein Geselle dieser Meisterdiebe, bekam des Kaisers Tochter und »ist zuletzt auch noch Kaiser geworden«. Der Meisterdieb ist nicht der Gegenspieler des Meisterdetektivs, sondern sein *alter ego*. Er ist die pragmatische Wende der Aufklärung.

Der Diebesfänger genügte sich darin, den Tathergang zu rekonstruieren. Dem Meisterdieb genügt dies nicht mehr. Er will den Tathergang bestimmen; er will die Welt verändern – zu seinen Gunsten, versteht sich. Er ist nicht nur allwissend – er ist allmächtig.

Natürlich gibt es neben den klugen Meisterdieben auch die schweren Jungs, die zugleich schwerfällig sind. Sie haben keinen Durchblick. Sie machen nicht die Welt sich untertan, sondern sich der Welt. Sie beziehen alles, was geschieht, auf sich und ihr schlechtes Gewissen, und sie sind, wie im Märchen ›Der Räuber und die Haustiere‹, Opfer ihrer eigenen Zwangsvorstellungen. Weil sie es nicht ver-

Hans Sebald Beham (1512),
Mörder

stehen, die Welt richtig zu interpretieren, können sie diese auch nicht zu ihren Gunsten ändern. So erzählen nicht alle Räubermärchen von den hellen Köpfen der Aufklärung, sondern viele auch von den dunklen Seiten der menschlichen Seele. »Was ist der Mensch?« fragt ein Mädchen – und die Märchen suchen nach Antwort. Sie fallen nicht auf das Vorurteil dem Verbrecher gegenüber herein. Sie bemühen sich um eine Erklärung, nicht in Begriffen, sondern in Bildern. Sie erzählen, wie jemand durch Unglück oder Leichtgläubigkeit zum Verbrecher (oder zum Opfer) werden kann; sie zeigen, daß Not den Menschen nicht nur erfinderisch, sondern auch mörderisch macht; sie erzählen in klaren Bildern, was das Bewußtsein immer leugnen würde: die Macht des Geschwisterneids, der aus Phantasien schließlich einen Mord werden läßt. Die Märchen reden ins Gewissen, indem sie vom Gewissen sprechen, das noch den schlimmsten aller Mörder, wie zum Beispiel den ›Räuber Matthes‹, plagt und nicht zur Ruhe kommen läßt.

Es werden grausame Räuber geschildert und Menschen, deren »aufs schönste eingerichtetes« Schloß in Wahrheit Blaubarts Burg ist (›Der Räuberhauptmann und die Müllerstöchter‹). Dabei kommt es noch ärger. Mit einem solchen Monster von Mensch konfrontiert, ergreifen sogar ein Bär, ein Löwe und eine Schlange die Flucht: »Er ist es nicht wert, daß man ihn rettet«, sagen sie. »Was ist der Mensch?« Zwei Seelen wohnen in seiner Brust, und der Schlaf der einen gebiert Ungeheuer, wie den Werwolf.

Das Märchen beschreibt die Doppelnatur der menschlichen Seele. Nicht der fabelhafte Wolf im Schafspelz – der Mensch im Wolfspelz, sein inneres Wesen nach außen gekehrt, ist die Antwort auf die Frage, was der Mensch sei. Homo lupus hominis sagt ein Wort nach Plautus: der Mensch sei »deß andern Löwe / Wolff und Hund / ja noch wohl was schlimmeres«, übersetzte der Philosoph Samuel Pufendorf.

Lucas Cranach d. Ä. (1512),
Werwolf

Doch die Märchen belassen uns nicht in der Verzweiflung. Wenn der Verstand stillsteht und das Tier im Menschen sich ausgetobt hat, regt sich das Gewissen. Ein schlechtes Gewissen, so weiß wiederum das Sprichwort, ist ein schlechtes Ruhekissen. Das gilt für die Nachtruhe ebenso wie für die ewige Ruhe. Daher verhängen einige Märchen die schlimmste aller Strafen über die Übeltäter. Sie sollen nicht zur Ruhe kommen. Ob der Anlaß gering war, wie ein kleiner Gelddiebstahl, ob eher ein moralisches Versagen denn ein kriminelles Vorgehen vorlag oder ob es sich wirklich um einen Räuber und Mörder schlimmster Art handelt, alle Taten werden geahndet und alle Schuldigen werden bestraft, indem man ihnen die letzte Ruhe nimmt oder ihnen ein flammendes Bett als immerwährende Feuerprobe zugedacht ist.
Das Gewissen ist jene letzte Instanz, die für Gerechtigkeit sorgt, wenn das irdisch-vernünftige Bemühen um Aufklärung ohnmächtig ist. Ob es die »Sonne an den Tag bringt« oder »der Raben Zeugschaft« verrät: immer befindet sich der Täter bereits im Sicheren, niemand und nichts könnte ihn und seine Taten eigentlich überführen, aber er verrät sich, »von seinem Gewissen überwiesen«, selbst. Edgar Allan Poe hat diese geheimnisvolle Selbstdenunziation des Gewissens in einer Geschichte als »Alp der Perversheit« beschrieben. In einer anderen Erzählung, die doppelsinnig *Das verräterische Herz* heißt, hört ein offensichtlich Irrer das Herz des von ihm Ermordeten dort noch schlagen, wo er es versteckt hat: »Geradezu unglaublich war mein Gehörsinn. Ich hörte, was im Himmel und auf Erden geschah. Ich hörte manches, was in der Hölle geschah.«

Bei all dem Ernst der Märchen, in denen es um nichts weniger als um Gott und die Welt geht, sollte nicht das Vergnügen unbemerkt sein, das die Märchen beim Erzählen

Contrafact Figur Hansen von Berstatt bey Echtzel inn der Wedderawe gelegen/was jemerlichen Morts er an eynem Fünffthalbierigen Mägdlin so Mergk genent/im Flecken Frawenstein Mentzer Bischthumbs begangen/anzeigent. Getruckt zu Mentz rc.

Unbekannter Künstler (1540),
Porträt eines Mörders

ihrer Geschichten haben. Es ist zuweilen das Vergnügen am analytischen Erzählen, das Antwort gibt auf die spannenden Fragen: »Wer ist's gewesen? Wie ist das denn zugegangen?«: »Etwas ist nicht geheuer, damit fängt das an. Aber zugleich muß nach dem Weiteren, das hier das Nähere ist, gesucht werden. Nach einem versteckten Wer ist gefragt ...« So beginnt Bloch seine Philosophie des Kriminalromans, so beginnen auch viele Märchen dieses Bandes.
Es ist zuweilen aber auch das Vergnügen am sukzessiven Erzählen, ein Erzählen, das Antwort gibt auf die nicht minder spannenden Fragen: »Wie das wohl weitergeht? Ob es wohl ein schlimmes Ende nimmt?«
»Das reißende Märchen also ist die Abenteuergeschichte, sie lebt am besten heute als Kolportage fort« (Ernst Bloch).
Es ist schließlich auch das Vergnügen am Schaurigen, am Grusel, daran, dem Zuhörer einen Schrecken einzujagen. Leichen und Bestien, offene Gräber und verschlossene Türen, Henker und Mörder sind zwar schaurig, machen aber allein noch nicht gruseln. Man muß von ihnen erzählen, daß die Zuhörer mit Furcht und Zittern das grausame Spiel genießen, denn »Schaudern ist der Menschheit bester Teil«.

Das Märchen ›Die drei Handwerksburschen‹ stellt viele Fragen: Warum werden die Handwerksgesellen reich, nachdem sie nicht mehr sprechen können? Ist Reden Silber, Schweigen aber Gold? Wer ist der Verzauberer, warum befreit er schließlich die drei Gesellen, die er doch zuerst verzaubert hatte? Deutlich ist, daß der, der den Zauber durchschaut, ihn für seine dunklen Absichten auch nutzen kann. Der Wirt hat die Grenzen der verzauberten Handwerker erkannt und stellt ihnen eine Falle, in die sie in ihrer Beschränktheit hineinstolpern.

›Maus, Affe, Bär und der Birmanssohn‹ ist ein Märchen aus dem asiatischen Sprachraum. Dieses Märchen weiß: mit List steht einem die Welt offen. Hier sind die Tiere listiger als der dumme, wenngleich mitleidsfähige Birmanssohn. Sie repräsentieren, was der zukünftige Meisterdieb vereinen wird: Behendigkeit, Klugheit und Kraft.
Der ›König von Papierland und von Kummerland‹ ist ein Meisterdieb, und er wird dies dank der Zaubermittel. Unsichtbar und allwissend ist ihm das Tor zum Schatz und damit letztlich zum Ehehimmel mit des Königs Tochter offen.
Das Schwankmärchen ›Wie ein Schneider von einer Elle Tuch fünf Viertel gestohlen hat‹ erzählt nicht mehr vom allmächtigen Meisterdieb, sondern von einem eher profanen Betrüger, dessen Erfolg von der Dummheit und Unachtsamkeit der Betrogenen abhängt.
›Der kluge Martin‹ ist eine der Varianten der Märchen von den Probestücken des Meisterdiebes. Sie ist allerdings stofflich von Reiz, denn einige Listen, die Martin ersinnt, spielen mit der Psychologie der Opfer.
Der Titel ›Die zwei Beutelschneider‹ ist hübsch doppeldeutig, denn dieses Märchen erzählt von drei Beutelschneidern: Welches Paar ist gemeint?
›Der gestohlene Schatz‹ ist eine raffiniert erzählte Geschichte. Der Leser bringt sein ganzes Mißtrauen dem Kirchendiener und besonders dem mysteriösen Unbekannten entgegen. Dabei hilft dieser doch nur, eine geplante Gaunerei zu verhüten.
›Der Räuber und die Haustiere‹. Hier vertreiben Haustiere die Räuber. Das ist nun alles andere als irrational, denn die Tiere versinnlichen jene Gewandtheit, die dem alten Müllersknecht abgeht. Sie sind das Symbol vom ganzen Kerl, von dem der Müllersknecht nur träumen, den aber der Räuber nur fürchten kann. So identifiziert er, was er nicht sieht, aber spürt, mit Taten kräftiger Handwerks-

burschen wie »Schuster, Gabelmacher, Heckelmacher und Schaufelmacher«.

Daß ein Dieb gelegentlich auch seine Meisterin finden kann, erzählt das Schwankmärchen vom ›Dieb und der Frau‹. Am Ende der Geschichte hat sich die Anteilnahme der Zuhörer von den armen Leuten sicherlich auf den arm gewordenen Dieb verlagert.

›Der Räuberhauptmann und die Müllerstöchter‹. Ein Blaubartmärchen, aber doch eines mit erhellender Variation. Das Interesse des Erzählers gilt nicht mehr dem mordenden Ungetüm, das hier nicht durch den blauen Bart stigmatisiert, sondern gleich zu Beginn als Räuberhauptmann vorgestellt wird. Das Interesse gilt vielmehr der dritten Müllerstochter, die sich geschickt zur Wehr setzt, indem sie Mut hat und sich ihres eigenen Verstandes bedient.

Das Märchen ›Der Raben Zeugschaft‹, das in zahlreichen Fassungen tradiert wurde, ist hier in einer besonderen Form. Der Barockdichter Philipp Harsdörffer hat es für eine Geschichtensammlung lange vor den Brüdern Grimm aufgezeichnet. Freilich schrieb er die gefundene Geschichte auf, wie er sie verstand. Von Ratio durchtränkt und zugleich als lehrreiches Exempel: So darf die Moral von der Geschicht' am Ende nicht fehlen.

›Was ist der Mensch?‹ Ein Märchen, das berühmte Motive in der Aufklärung von Verbrechen koppelt. Einmal ist es die Aufmerksamkeit des Opfers, das an einer Nebensächlichkeit, die nur der Täter kennen kann, ihn erkennt. Hier ist es eine Redewendung. »Was ist der Mensch?« Das Märchen gibt zwei Antworten: der Mensch, das ist das junge Mädchen, das das Spieglein an der Wand befragt. Der Mensch, das ist aber auch der Räuber, der am Galgen schaukelt. Was ist zwischen diesen Extremen möglich? Alles ist möglich.

Die Redewendung wird ein drittes Mal gesprochen, nun

von den Räubern, als das Mädchen in das Wirtshaus kommt. So verraten sie sich – unfreiwillig. Aber auch eine andere Erklärung ist möglich für die Frage der Räuber: Was ist der Mensch? Im Mittelhochdeutschen ist »das Mensch« ein Synonym für Magd, aber auch für Buhlerin, also dafür, was man heute »ein leichtes Mädchen« nennt. Die neuhochdeutschen Bearbeiter des Märchens haben es nicht gewußt oder nicht bemerken wollen. Denn dann fragen die Räuber danach, was das für ein »nettes Mädel« sei und verraten sich so durch ihre unstillbare Neu-Gier.

In dem Märchen ›Der verräterische Diener‹ hat der Diener zweimal etwas verraten: einmal seinen Herrn und beim zweiten Mal sich. Ansonsten kann das Märchen sich nicht so richtig entscheiden: Die Zauberkraft des Kindes würde eigentlich verhindern, daß die Aufklärung der Tat lang erzählt werden müßte. Weil der Erzähler aber offensichtlich Vergnügen an ausgerechnet diesem Teil des Märchens hat, bei dem es ja um Aufklärung geht, muß er eine Erläuterung einfügen.

Das schwankhafte Märchen ›Der Schatz‹ erzählt nicht, wie man Diebe fängt, sondern wie man sich vor ihnen schützt. Die List gelingt: Der Betrugsversuch des räuberischen Fronherrn ist durch Lebensklugheit abgewehrt.

Gibt es keine Gerechtigkeit für die Opfer, die sich nicht wehren konnten? Das Märchen ›Der erlöste Räuber‹ stellt die Frage und gibt die Antwort. Die Schuldigen werden keine Ruhe finden, sondern ewig leiden. Dieser Text, wie auch die folgenden, sind ganz aus der Sicht der Opfer geschrieben. Weder ist der Täter monströs (und damit abstrakt) noch ist er ein Artist, der seine Kunststückchen abliefert wie der Geselle des Meisterdiebs. Der Täter ist der Böse, der schon »genug Unglück angerichtet« hat.

›Die Strafe nach dem Tode‹ ist ein wunderschön verschlungenes Schauermärchen, durch einen Leichenraub

ausgelöst. Legende und Sage und das Motiv des ruhelosen Todes bilden Ingredienzien.
Legendenhafte Züge zeigt auch das Märchen vom ›Räuber Matthes‹. Der war einst ein schrecklicher Mörder: So ist sein Ende schon bestimmt, sein letztes Bett gemacht. Die letzte Ruhestätte, die den Menschen in den Märchen so unendlich wichtig war, ist ein Bett voller Qual. Die ewige Ruhe als ewige Strafe. Doch es gibt »Gnade« für den, der bereut »und ein aufrichtiges Bekenntnis ablegt«.

Telgte, Juli 1989 Volker Ladenthin

Quellenverzeichnis

›Die drei Handwerksburschen‹: Ernst Meier, *Deutsche Volksmärchen aus Schwaben,* Stuttgart 1852

›Maus, Affe, Bär und der Birmanssohn‹: Ohne Überschrift in: Benjamin Bergmann, *Nomadische Streifereien unter den Kalmüken in den Jahren 1802 und 1803,* Erster Theil, Riga 1804

›Der König von Papierland und von Kummerland‹: Heinrich Pröhle, *Kinder- und Hausmärchen,* Leipzig 1853

›Wie ein Schneider von einer Elle Tuch fünf Viertel gestohlen hat‹: Ernst Meier, *Deutsche Volksmärchen aus Schwaben,* Stuttgart 1852

›Der gelehrige Dieb‹: Heinrich Pröhle, *Kinder- und Hausmärchen,* Leipzig 1853

›Der kluge Martin‹: Ernst Meier, *Deutsche Volksmärchen aus Schwaben,* Stuttgart 1852

›Die zwei Beutelschneider‹: Ignaz und Joseph Zingerle, *Kinder- und Hausmärchen aus Süddeutschland,* Regensburg 1854

›Der gestohlene Schatz‹: O. Knopp, *Posener Geld- und Schatzsagen,* Lissa i. P. 1908 (Wissenschaftl. Beilage zum Programm des Kgl. Gymnasiums zu Rogasen, Nr. 224)

›Der Räuber und die Haustiere‹: Ernst Meier, *Deutsche Volksmärchen aus Schwaben,* Stuttgart 1852

›Geschichte vom Dieb und seiner Frau‹: H. Kletke, *Märchensaal. Märchen aller Völker für Jung und Alt,* Bd. 3, Berlin 1845

›Der Fischer und sein Sohn‹: Nach einer kurzen Inhaltsangabe von ›Der Vater tötet den Sohn‹, in den *Verhandlungen der Gelehrten Estnischen Gesellschaft,* Bd. 22 (Heft 2), Jurjew (Dorpat) 1900, neu erzählt von Volker Ladenthin

›Der Räuberhauptmann und die Müllerstöchter‹: Ernst Meier, *Deutsche Volksmärchen aus Schwaben,* Stuttgart 1852

›Der Räuber und seine Söhne‹: Brüder Grimm, *Kinder- und Hausmärchen,* Große Ausgabe, Göttingen 1843

›Der Werwolf‹: Brüder Grimm, *Deutsche Sagen,* Berlin 1891

›Der Löwe, der Bär und die Schlange‹: Ernst Meier, *Deutsche Volksmärchen aus Schwaben*, Stuttgart 1852

›Der gestohlene Heller‹: O. Knopp, *Posener Geld- und Schatzsagen*, Lissa i. P. 1908 (Wissenschaftl. Beilage zum Programm des Kgl. Gymnasiums zu Rogasen, Nr. 224)

›Die Sonne wird dich verraten‹: Ernst Meier, *Deutsche Volksmärchen aus Schwaben*, Stuttgart 1852

›Der Raben Zeugschaft‹: Georg Philipp Harsdörffer, *Der große Schau-Platz Lust- und Lehrreicher Geschichte. Das zweyte hundert*, Hamburg 1664, dem Neuhochdeutschen angeglichen von Volker Ladenthin

›Die ermordete Schwester‹: *Verhandlungen der Gelehrten Estnischen Gesellschaft*, Bd. 22 (Heft 2), Jurjew (Dorpat) 1900, leicht ergänzt

›Was ist der Mensch?‹: Heinrich Pröhle, *Kinder- und Hausmärchen*, Leipzig 1853

›Der verräterische Diener‹: Joseph Wenzig, *Westslawischer Märchenschatz*, Leipzig 1857

›Die zertanzten Schuhe‹: Brüder Grimm, *Kinder- und Hausmärchen*, Bd. II, Berlin 1815

›Hirsedieb‹: Ludwig Bechstein, *Deutsches Märchenbuch*, Leipzig 1857

›Der Schatz‹: Svend Grundtvig, *Dänische Volksmärchen*, übers. v. Willibald Leo, Leipzig 1878

›Der erlöste Räuber‹, unter dem Titel: ›Der erlöste Schatzwächter‹, in: O. Knopp, *Posener Geld- und Schatzsagen*, Lissa i. P. 1908 (Wissenschaftl. Beilage zum Programm des Kgl. Gymnasiums zu Rogasen, Nr. 224)

›Die Strafe nach dem Tode‹: Joseph Wenzig, *Westslawischer Märchenschatz*, Leipzig 1857

›Der Räuber Matthes‹: Ernst Meier, *Deutsche Volksmärchen aus Schwaben*, Stuttgart 1852

Literatur in Auswahl

Eric Ambler, ›Der Kuhhandel‹, in: Gerd Haffmans, Franz Cavigelli: *Über Eric Ambler,* Zürich 1979, S. 9 ff.

Walter Benjamin, ›Der Erzähler‹ (1936), in: Ders., *Illuminationen. Ausgewählte Schriften,* Frankfurt 1977, S. 385 ff.

Bruno Bettelheim, *Kinder brauchen Märchen* (1975), München 1980

Ernst Bloch, ›Das Märchen geht selber in der Zeit‹ (1930), in: Ders., *Die Kunst, Schiller zu sprechen und andere literarische Aufsätze,* Frankfurt 1969

Ernst Bloch, *Das Prinzip Hoffnung* (1959), Frankfurt 1985, (Kapitel: ›Das wilde Märchen als Kolportage‹)

Ernst Bloch, ›Philosophische Ansicht des Detektivromans‹, (1960), in: Ders., *Verfremdungen I,* Frankfurt 1962

Sigmund Freud, *Totem und Tabu* (1913), Frankfurt/Hamburg 1956

Karl Kroeschell, *Deutsche Rechtsgeschichte,* 2 Bde., Reinbek bei Hamburg 1973

Volker Ladenthin, ›Aufklärung vor der Aufklärung. Literarische Detektive im deutschen Mittelalter‹, in: Armin Arnold, Hrsg., *Sherlock Holmes auf der Hintertreppe. Aufsätze zur Kriminalliteratur,* Bonn 1981

Klaus Lüderssen, ›Hans im Glück. Kriminalpsychologische Betrachtungen – mit einem Seitenblick auf die Genese sozialer Normen‹, in: Helmut Brackert, Hrsg., *Und wenn sie nicht gestorben sind ... Perspektiven auf das Märchen,* Frankfurt 1980, S. 137 ff.

Otto Ludwig, ›Richter und Gericht im deutschen Märchen‹, Bühl-Baden 1935

Samuel von Pufendorf, *Acht Bücher von Natur- und Völkerrecht,* (1673), deutsch: Franckfurth 1711, S. 245 ff.

Ruth Schmidt-Wiegand, Art.: ›Schinder‹, in: *Handwörterbuch zur deutschen Rechtsgeschichte,* Bd. 4, Berlin 1988, Sp. 1409 f.

Fritz Wölcken, *Der literarische Mord,* Nürnberg 1953

Bitte umblättern:

Märchen der Welt

Märchen & Mythen vom Fliegen
Herausgegeben von Wolfgang Behringer und Constance Ott
Band 2904

Zahlreiche Märchen und Mythen haben den Menschheitstraum vom Fliegen zum Inhalt. Schon aus den Hochkulturen Mesopotamiens, Indiens, Chinas, Persiens und des Mittelmeerraums sind in Mythen die Flugkünste der Götter überliefert.

Märchen von Schicksal und Weissagung
Herausgegeben von Barbara Stamer
Band 2888

In zahlreichen Märchen muß sich der Held oder die Heldin mit der Unentrinnbarkeit des Schicksals auseinandersetzen; die Schicksalsmächte in vielerlei Gestalt konfrontieren sie mit Not, Unglück, Krankheit. Aber es gibt auch immer wieder unerwartete Hilfe, so daß sich das Schicksal zum Guten wendet.

Fischer Taschenbuch Verlag

MÄRCHEN DER WELT

Band 2896

Band 2897

Band 2898

Band 2899

Band 2889

Band 2900

FISCHER

Martine Carton

Medusa und die Grünen Witwen
Band 8023

Nofretete und Die Reisenden einer Kreuzfahrt
Band 8038

Victoria und die Ölscheiche
Band 8067

Apollo und die Gaukler
Band 8068

Martina oder Jan-Kees verliert seinen Kopf
Band 8113

Hera und die Monetenkratzer
Band 8141

Fischer Taschenbuch Verlag

fi 263/7

Märchen der Welt

Märchen von Vätern und Töchtern

Herausgegeben von
Renate Greinacher
Band 2886

Daß die Beziehung zwischen Vätern und Töchtern ambivalent und facettenreich ist, zeigen schon Mythen aus der Antike. Der Band trägt zu diesem Thema Märchen aus aller Welt zusammen und ist in vier Kapitel unterteilt: die besitzergreifende Vater-Tochter-Beziehung; die liebevolle Vater-Tochter-Beziehung; die schwachen und lieblosen Väter; selbstbewußte, aktive Töchter.

Märchen von Mördern und Meisterdieben

Herausgegeben von
Volker Ladenthin
Band 2887

In zahlreichen Märchen treiben Mörder, Diebe, Räuber und anderes grausame Gesindel ihr Unwesen, deren Vergehen »oft die Sonne an den Tag bringt«. Eine andere Spezies sind die Schelme und Meisterdiebe. Sie genießen die Bewunderung – für die Geschädigten bleibt der Spott.

Fischer Taschenbuch Verlag

fi 693/1